調(しら)べたい単語(たんご)の
はじめの文字(もじ)を
えらんでね！

アルファベット26文字(もじ)の
順番(じゅんばん)をおぼえようね！

a b c d e f g h i j k l m n o p q r s t u v w y z
A B C D E F G H I J K L M N O P Q R S T U V W Y Z

こうすると引(ひ)きやすいよ！

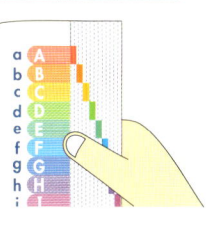

x
この辞書(じしょ)にはxではじまる
単語(たんご)はありません。

くもんの はじめての 英和じてん

Kumon's FIRST ENGLISH-JAPANESE DICTIONARY 改訂版

はじめに

　この辞典は、はじめて英語に接する子どもたちのためのものです。ですから、引きやすいこと、わかりやすいこと、そして楽しくページをひらけること、この3つの点をいちばん大切に考えてつくられています。

　この辞典では見出し語は約1000語に絞られています。これらは、子どもたちが英語に親しむうえで最も基本となる単語です。また、単語の数だけでなく、意味や用法も、基本的で重要なものに絞ってあります。これは、はじめて英語の辞典を手にする子どもたちにも、調べやすく、わかりやすくするためです。ですから、この辞典は、辞書引きの導入にも最適のものになっています。

　ことばの学習をするときには、視覚の助けもだいじです。ことばがあらわすものや、それを使う場面がはっきりすることで、ことばの意味がより理解しやすくなるからです。さらにまた、楽しいイラストは、ことばへの親しみや興味を増すことにもつながります。そのため、この辞典にはできるだけたくさんのイラストをのせてあります。

　また、同じように重要なのが例文です。この辞典にはほとんどの単語に例文がついていますが、その大部分は身近な対話になっています。これらの例文を何度も口に出して言ってみましょう。そうすると、英語に対する親しみがさらに増してくるでしょう。

　このように、この辞典では、はじめて英語に接する子どもたちのために、いろいろな工夫がなされています。ぜひ、この辞典を活用して、子どもたちが英語好きになり、そして英語の世界を広げていくことを願っています。

この辞典のつかい方

1 ABC…の順番をおぼえましょう！

英和辞典では、見出し語の単語はアルファベット順にならんでいます。ですから、まず **ABC**…の順番をおぼえましょう。単語はふつう小文字（**abc**…）で書かれているので、小文字をおぼえることもだいじです。

2 単語の最初の文字に注目しましょう！

ためしに、**free** という単語をひいてみましょう。**free** は **f** ではじまる単語なので、**f** のページをひらきます。この辞典では、**f** ではじまる単語は80ページからのっています。

（**F**のはじまりのページ）

4 単語が見つかったら、意味を確かめましょう！

さがしている単語が見つかったら、意味を確かめましょう。意味は2つ以上あることもあります。そのようなときは、例文なども参考にしながら、調べている単語の意味をえらんでください。

5 いろいろなことが調べられます！

辞典には、単語の意味だけでなく、いろいろな情報がのっています。発音や、品詞ものっていますし、名詞の複数形や動詞の過去形などの"変化形"ものっています。

3 つぎは2番目の文字に注目しましょう！

fのつぎの文字もアルファベット順にならんでいます。**free**の2番目の文字は**r**です。**r**はアルファベット26文字の18番目の文字ですから、**free**は**f**ではじまる単語のうちでも、やや後ろのほうにきます。

6 例文もかならず読むようにしましょう！

この辞典には、ほとんどの単語にやさしい例文がついています。辞典を引くたびにこの例文を読むようにすると、英語の力がどんどんつきます。

rは18番目だよ！

abcdefghijklmnopq**r**stuvwxyz

この辞典の内容

- **見出し語**：基本語約1000語が収録されています。
- **発　音**：アメリカ発音を基準とし、カタカナと発音記号で示してあります。太字になっているカタカナは、アクセント（強勢）の位置なので、強く発音しましょう。
- **品　詞**：略号で示してあります。品詞は、単語が文の中でどのようなはたらきをするかをあらわします。（⇒巻末の付録5）
- **意　味**：この辞典には、最も基本的でよくつかう意味がのっています。
- **例　文**：ほとんどの見出し語に、やさしい例文がのっています。
- **変化形**：略号のあとに示してあります。名詞の複数形、動詞の三人称単数現在形・過去形・現在分詞がのっています。形容詞と副詞の比較級・最上級については、よくつかわれるもののみをのせてあります。（⇒巻末の付録5）

この辞典の発音表記について

この辞典には、見出し語や例文に、カタカナによる発音表記がついています。しかし、カタカナで英語の正確な発音をあらわすことはできません。あくまでも、これは発音の手がかりとして利用するだけにしましょう。また、例文のカタカナ発音は、単語ごとについているので、実際に文として発音する場合とは、かなりちがう場合があります。なお、公文式教材の学習では、音声機器を使って、かならず正しい発音を聞き、音読するようになっています。

略号一覧

▶ **品　詞**
　名…名詞　　代…代名詞　　動…動詞　　助…助動詞　　形…形容詞　　副…副詞
　前…前置詞　　接…接続詞　　冠…冠詞　　間…間投詞

▶ **変化形**
　複数…複数形　　三単…三人称単数現在形　　過去…過去形　　現分…現在分詞
　比較…比較級　　最上…最上級

▶ **その他**　対…対語

a — about

Aa
[エイ éi]

A B C D E F G H I J K L M N O P Q R S T U V W X Y Z
a b c d e f g h i j k l m n o p q r s t u v w x y z

a [ア ə] 冠

1つの，1人の（☆日本語にはしなくてよいことが多い）

Do you have a computer?
[ドゥ ユー ハヴ ア コンピュータァ]

— **Yes, I do.**
[イェス アイドゥー]

（あなたは〔1台の〕コンピュータをもってる？
— うん，もってるよ．）

about [アバウト əbáut] 前

〜について，〜についての

What are you reading? — A book about animals.
[ホワット アー ユー リーディング ア ブック アバウト アニマルズ]

（なにを読んでるの？ — 動物についての本だよ．）

— 副

およそ〜，〜くらい

How many CDs do you have?
[ハウ メニィ スィーディーズ ドゥ ユー ハヴ]

— **About a hundred.**
[アバウト ア ハンドゥレッド]

（きみはCDを何まいもってるの？
— 100まいぐらい．）

absent [アブセント ǽbsənt] 形

欠席して, 不在で

Is Yumi absent? — Yes. She is sick today.
[イズ ユミ アブセント イェス シー イズ スィック トゥデイ]
(ユミはお休み? — はい. きょうは病気なんです.)

across [アクロース əkrɔ́ːs] 前

～を横ぎって, ～の向こう側に

Where is the police box?
[ホウェア イズ ザ ポリース ボックス]

— It's just across the street.
[イッツ ジャスト アクロース ザ ストゥリート]

(交番はどこですか?
— ちょうど通りの向こう側です.)

actor [アクタァ ǽktər] 名 複数 actors

(男の)俳優, 男優

Who is that man? — He is a famous actor.
[フー イズ ザット マン ヒー イズ ア フェイマス アクタァ]
(あの男の人はだれ? — 有名な俳優よ.)

actress [アクトゥレス ǽktrəs] 名 複数 actresses

(女の)俳優, 女優

What do you want to be?
[ホワット ドゥ ユー ワント トゥ ビー]

— I want to be an actress.
[アイ ワント トゥ ビー アン アクトゥレス]

(きみはなにになりたい?
— 女優になりたいな.)

address [アドゥレス ǽdres] 名 複数 addresses

住所, あて名, アドレス

Do you know his e-mail address?
[ドゥ ユー ノウ ヒズ イーメイル アドゥレス]
— No, I don't.
[ノウ アイ ドントゥ]
(彼のEメールアドレスを知ってる?
— いや, 知らないよ.)

afraid [アフレイド əfréid] 形

こわがって, 心配して

Are you afraid of that dog?
[アー ユー アフレイド オヴ ザット ドーグ]
— Yes. It's so big!
[イェス イッツ ソウ ビッグ]
(あの犬がこわいの?
— うん. すごく大きいんだもの.)

Africa [アフリカ ǽfrikə] 名

アフリカ

after [アフタァ ǽftər] 前

〜のあとに, 〜のあとで 対 before (〜の前に)

When do you play soccer?
[ホウェン ドゥ ユー プレイ サカァ]
— We play after lunch.
[ウィー プレイ アフタァ ランチ]
(あなたたちはいつサッカーをするの?
— お昼ごはんのあとだよ.)

afternoon [アフタヌーン æftərnúːn] 名

午後（☆正午のあと夕方暗くなるまでをいう）

Let's play tennis this afternoon. — All right.
[レッツ プレイ テニス ズィス アフタヌーン オール ライト]
(きょうの午後,テニスをしようよ. — いいわよ.)

★**Good afternoon.** こんにちは

Good afternoon, Mr. Brown. — Hello, Yumi.
[グッド アフタヌーン ミスタァ ブラウン ヘロウ ユミ]
(こんにちは,ブラウンさん. — こんにちは,ユミ.)

★**in the afternoon** 午後,午後に

He will be back in the afternoon.
[ヒー ウィル ビー バック イン ズィ アフタヌーン]
(彼は午後にもどってきます.)

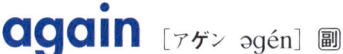

again [アゲン əgén] 副

ふたたび,もういちど,また

Please come again. — Thank you.
[プリーズ カム アゲン サンク ユー]
(どうぞ,また来てください. — ありがとう.)

ah [アー άː] 間

ああ（☆おどろき・悲しみ・よろこびなどをあらわす）

ahead
［アヘッド əhéd］ 副

前へ，前方に

★**Go ahead.** どうぞ，えんりょなく

Can I use your dictionary?
［キャン アイ ユーズ ユア ディクショネリィ

— Sure. Go ahead.
シュア ゴウ アヘッド ］

（あなたの辞書をつかってもいい？
— もちろん. えんりょなく.）

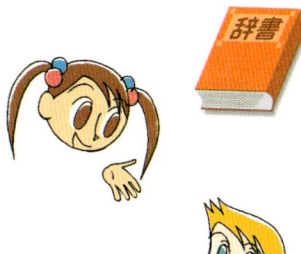

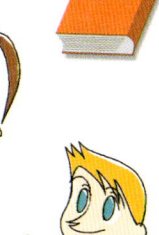

airplane
［エアプレイン éərplèin］ 名 複数 airplanes（エアプレインズ）

飛行機（☆単に plane ということもある）

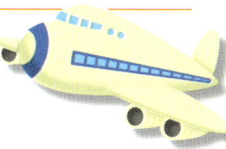

airport
［エアポート éərpɔ̀ːrt］ 名 複数 airports（エアポーツ）

空港

To the airport, please.
［トゥー ズィ エアポート プリーズ

— All right.
オール ライト ］

（空港まで，おねがいします. — はい，わかりました.）

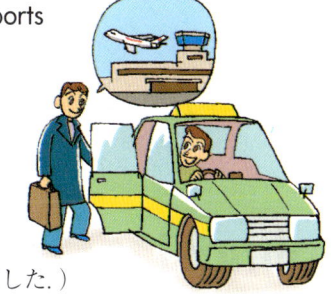

album
［アルバム ǽlbəm］ 名 複数 albums（アルバムズ）

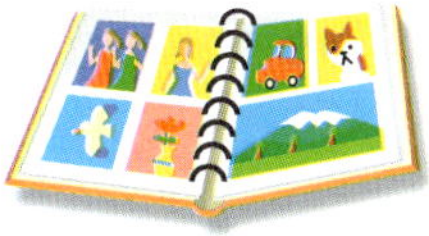

アルバム（☆写真帳，切手帳など）

Whose album is this?
［ フーズ アルバム イズ ズィス

— It's my album.
イッツ マイ アルバム ］

（これはだれのアルバム？
— わたしのアルバムよ.）

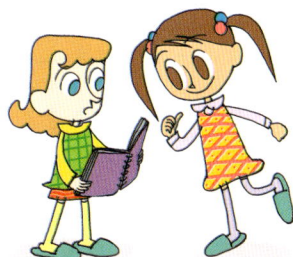

all — alone

all [オール ɔ́ːl] 形

ぜんぶの, すべての
I like all kinds of music.
［アイ ライク オール カインズ オヴ ミューズィック］
（ぼくはあらゆる種類の音楽が好きです．）

— 代

ぜんぶ, すべて 
Where are the cookies?
［ホウェア アー ザ クッキィズ］
Did you eat all of them? — Yes ….
［ディド ユー イート オールオヴ ゼム　　　イェス　］
（クッキーはどこ？ ぜんぶ食べちゃったの？ — うん….）

— 副

まったく, すっかり

★**all right** だいじょうぶ, わかりました
Are you OK? — Yes, I'm all right.
［アー ユー オウケイ　　イェス アイム オール ライト］
（だいじょうぶ？ — うん, だいじょうぶだよ．）

almost [オールモウスト ɔ́ːlmoust] 副

ほとんど, もうすこしで 
Go to bed. It's almost ten. — OK.
［ゴウ トゥ ベッド イッツ オールモウスト テン　　オウケイ］
（寝なさい．もうすぐ10時よ．— わかった．）

alone [アロウン əlóun] 副

ひとりで
Did you come alone? — No, I came with Bob.
［ディド ユー カム アロウン　　ノウ アイ ケイム ウィズ ボブ］
（ひとりで来たの？ — いいえ, ボブといっしょに来ました．）

already [オールレディ ɔːlrédi] 副

すでに，もう

It's already six. Let's go home. — All right.
[イッツ　オールレディ　スィックス　レッツ　ゴウ　ホウム　　オール　ライト]
(もう6時だ．帰ろうよ．—— そうだね．)

always [オールウェイズ ɔ́ːlweiz] 副

いつも，つねに

I always go to bed at nine.
[アイ　オールウェイズ　ゴウ　トゥ　ベッド　アット　ナイン]
(わたしはいつも9時に寝ます．)

am [アム əm／(強くいうとき)アム ǽm] 動 過去 was

❶ 〜である

How old are you? — I am eleven.
[ハウ　オウルド　アー　ユー　　アイ　アム　イレヴン]
(きみは何才？ —— 11才だよ．)

メモ 話しことばでは I am を短くして I'm ということが多い．

❷ 〜にいる

Where are you?
[ホウェア　アー　ユー]

— I am at the station.
[アイ　アム　アット　ザ　ステイション]
(どこにいるの？ —— 駅にいるの．)

★am 〜ing 〜している

What are you doing?
[ホワット　アー　ユー　ドゥーイング]

— I am looking for my watch.
[アイ　アム　ルキング　フォア　マイ　ワッチ]
(なにをしているの？
—— うで時計をさがしているんだ．)

America — an

America [アメリカ əmérikə] 名

アメリカ大陸, アメリカ合衆国(☆通称)

American [アメリカン əmérikən] 名 (複数) Americans

アメリカ人

―形

アメリカの, アメリカ人の

I like American movies very much.
[アイ ライク　アメリカン　ムーヴィズ　ヴェリィ　マッチ]
(わたしはアメリカの映画がとても好きです.)

among [アマング əmʌ́ŋ] 前

～の間で, ～の間に, ～の中で

Halloween is popular among
[　ハロウィーン　イズ　ポピュラァ　アマング]

children in America.
[チルドゥレン　イン　　アメリカ　]
(ハロウィーンはアメリカの子どもたちの間で人気があります.)

an [アン ən] 冠

1つの, 1人の(☆母音ではじまる語の前に用いる)

Is this an orange?
[イズ ズィス　アン　オーレンジ]

— No. It is a *mikan*.
[　　ノウ　イット イズ ア　　ミカン　]

(これはオレンジ?
— いいえ. それはみかんよ.)

and [アンド ǽnd] 接

～と～, そして…, それで…

When do you practice the piano?
[ホウェン ドゥ ユー プラクティス ザ ピアノウ]
— On Tuesdays and Fridays.
[オン テューズデイズ アンド フライデイズ]
(きみはいつピアノを練習するの？
— 毎週火曜日と金曜日よ．)

angry [アングリィ ǽngri] 形

おこって

Don't be angry.
[ドウント ビー アングリィ]
— I'm not angry.
[アイム ノット アングリィ]
(おこらないでね． — おこってないよ．)

animal [アニマル ǽnəməl] 名 複数 animals
アニマルズ

動物

What animal do you like? — I like cats.
[ホワット アニマル ドゥ ユー ライク アイ ライク キャッツ]
(どんな動物が好き？ — わたしはねこが好き．)

another [アナザァ ənʌ́ðər] 形

もう1つの，もう1人(ひとり)の，別(べつ)の

How about **another** cup of tea?
[ハウ アバウト アナザァ カップ オヴ ティー

— Yes, please.
イェス プリーズ]

（もう1ぱい，紅茶(こうちゃ)をいかが？
— うん，おねがい．）

This cookie is good. Give me **another** one, please.
[ズィス クッキィ イズ グッド ギヴ ミー アナザァ ワン プリーズ]

（このクッキー，おいしいですね．もう1つください．）

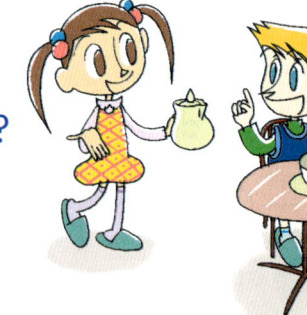

answer [アンサァ ǽnsər] 動

三単 answers（アンサァズ） 過去 answered（アンサァド） 現分 answering（アンサリング）

〜に答(こた)える，応答(おうとう)する 対 ask（〜をたずねる）

Please **answer** my question.
[プリーズ アンサァ マイ クウェスチョン]

（わたしの質問(しつもん)に答(こた)えてください．）

— 名 複数 answers（アンサァズ）

答(こた)え，返事(へんじ) 対 question（質問(しつもん)）

Do you know the **answer**?
[ドゥ ユー ノウ ズィ アンサァ

— No, I don't.
ノウ アイ ドウント]

（きみは答(こた)えを知(し)ってるの？ — ううん，知(し)らないわ．）

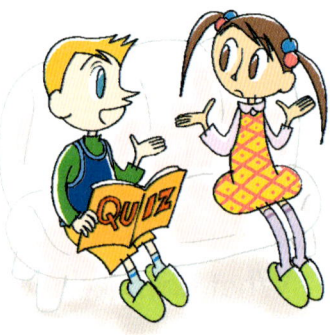

ant [アント ǽnt] 名 複数 ants（アンツ）

あり

Look! There is an **ant**. — Where?
[ルック ゼア イズ アン アント ホウェア]

（見(み)て！ アリがいるよ．— どこ？）

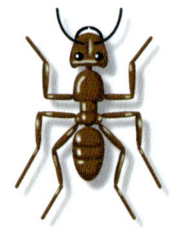

any [エニィ éni] 形

❶ いくつかの, いくらかの (☆疑問文で)

Do you have any stamps?
[ドゥ ユー ハヴ エニィ スタンプス]

— Yes. How many do you need?
[イェス ハウ メニィ ドゥ ユー ニード]

(切手を〔何まいか〕もってる?
— はい. 何まい必要ですか?)

❷ ひとつも, 少しも (☆否定文で)

I have a thousand yen. How about you?
[アイ ハヴ ア サウザンド イェン ハウ アバウト ユー]

— I don't have any money.
[アイ ドゥント ハヴ エニィ マニィ]

(わたしは1000円もってる. あなたは?
— ぼくはぜんぜんもってないんだ.)

anyone [エニィワン éniwÀn] 代

❶ だれか, だれに, だれを (☆疑問文で)

Is anyone absent today?
[イズ エニィワン アブセント トゥデイ]

— Yes. Keiko is absent.
[イェス ケイコ イズ アブセント]

(きょうは, だれかお休みしてる?
— はい. ケイコがお休みです.)

❷ だれも, だれにも (☆否定文で)

Did you meet Bob there?
[ディド ユー ミート ボブ ゼア]

— No. I didn't meet anyone.
[ノウ アイ ディドゥント ミート エニィワン]

(きみはそこでボブに会った?
— ううん. だれにも会わなかったわよ.)

anything [エニィスィング éniθiŋ] 代

❶ **なにか**（☆疑問文で）

Do you know anything about the movie?
[ドゥ ユー ノウ エニィスィング アバウト ザ ムーヴィ]
— No, I don't.
[ノウ アイ ドウント]
（その映画についてなにか知ってる？ — いや，知らないよ．）

❷ **なにも**（☆否定文で）

Yumi didn't say anything. — Was she angry?
[ユミ ディドゥント セイ エニィスィング ワズ シー アングリィ]
（ユミはなにも言わなかったよ． — 彼女，おこってたの？）

apple [アプル ǽpl] 名 複数 apples

りんご，りんごの木

What fruit do you like?
[ホワット フルート ドゥ ユー ライク]
— I like apples.
[アイ ライク アプルズ]
（どんなくだものが好き？ — りんごが好き．）

April [エイプリル éiprəl] 名

4月（☆Apr. と略す）

apron [エイプロン éiprən] 名 複数 aprons

エプロン

Whose apron is this?
[フーズ エイプロン イズ ズィス]
— It's Lucy's.
[イッツ ルースィズ]
（これはだれのエプロン？ — ルーシーのだよ．）

are [アー ər／(強くいうとき) アー áːr] 動 過去 were

❶ ～である

Are you ten years old? — No. I'm eleven.
[アー ユー テン イアズ オウルド　ノウ アイム イレヴン]
(あなたは10才ですか？ —— いいえ．わたしは11才です．)

❷ ～にいる，ある

Where are you? — I'm upstairs.
[ホウェア アー ユー　アイム アプステアズ]
(どこにいるの？ —— 上の階にいるよ．)

★are ～ing ～している

They are playing video games.
[ゼイ アー プレイイング ヴィディオウ ゲイムズ]
(彼らはテレビゲームをしている．)

aren't [アーント áːrnt] are not の短縮形

arm [アーム áːrm] 名 複数 arms

うで(☆肩から手首まで)

He has long arms.
[ヒー ハズ ローング アームズ]

— Yes. And long legs, too.
[イェス アンド ローング レッグズ トゥー]
(彼はうでが長いね． —— うん．それにあしも長いよ．)

around [アラウンド əráund] 前

～のまわりに，～のまわりを

Excuse me, is there a police box around here?
[イクスキューズ ミー イズ ゼア ア ポリース ボックス アラウンド ヒア]

— Yes. Right over there.
[イェス ライト オウヴァ ゼア]
(すみません，このあたりに交番はありますか？ —— はい．ちょうどあそこです．)

arrive—ask

arrive [アライヴ əráiv] 動 三単 arrives 過去 arrived 現分 arriving

着く，到着する

What time will the plane arrive? — At six.
[ホワット タイム ウィル ザ プレイン アライヴ アットスィックス]
(飛行機は何時に着くの？ — 6時だよ．)

art [アート άːrt] 名 複数 arts

芸術，美術

Which do you like, art or music?
[ホウィッチ ドゥ ユー ライク アートオーァミューズィック]

— I like art.
[アイライク アート]
(美術と音楽では，どちらが好き？ — わたしは美術が好き．)

artist [アーティスト άːrtist] 名 複数 artists

画家，芸術家

He is a great artist.
[ヒー イズ ア グレイト アーティスト]
(彼は偉大な画家です．)

Asia [エイジャ éiʒə] 名

アジア

ask [アスク ǽsk] 動 三単 asks 過去 asked 現分 asking

〜をたずねる，質問する 対 answer (〜に答える)

Can I ask you a question?
[キャン アイアスク ユー ア クウェスチョン]

— Sure.
[シュア]
(質問をしてもいいですか？ — いいよ．)

astronaut [アストゥロノート éstrənɔ̀ːt] 名 複数 astronauts

宇宙飛行士

I want to be an astronaut.
[アイ ワント トゥ ビー アン アストゥロノート]
(ぼくは宇宙飛行士になりたいな．)

---

at [アット ət／(強くいうとき) アット ǽt] 前

❶ ～で，～に (☆場所をあらわす)

Where do you play basketball? — I play at school.
[ホウェア ドゥ ユー プレイ バスケットボール アイ プレイ アット スクール]
(きみはどこでバスケットボールをするの？ ── 学校でだよ．)

❷ ～に (☆時刻をあらわす)

What time do you go to bed?
[ホワット タイム ドゥ ユー ゴウ トゥ ベッド]

— At nine.
[アット ナイン]
(きみは何時に寝るの？ ── 9時だよ．)

August [オーガスト ɔ́ːgəst] 名

8月 (☆Aug. と略す)

---

aunt [アント ǽnt] 名 複数 aunts

おば 対 uncle (おじ)

Who's this? — That's my aunt.
[フーズ ズィス ザッツ マイ アント]
(これはだれ？ ── ぼくのおばさんだよ．)

Australia [オーストゥレイリャ ɔːstréiljə] 名
オーストラリア

Where are you from?
[ホウェア　アー　ユー　フロム]
— I'm from Australia.
　　アイム　フロム　オーストゥレイリャ
(あなたはどちらの出身ですか？
—— オーストラリアの出身です．)

Australian [オーストゥレイリャン ɔːstréiljən] 名　(複数) Australians
オーストゥレイリャンズ

オーストラリア人

—形

オーストラリアの，オーストラリア人の

away [アウェイ əwéi] 副
はなれて，遠くへ，むこうに

Go away! — Why?
[ゴウ　アウェイ　　　ホワイ]
(あっちへ行って！ —— どうして？)

[ビー bíː]

baby [ベイビィ béibi] 名 (複数)babies

赤んぼう，赤ちゃん

Look at that baby. — It's cute!
[ルック アット ザット ベイビィ イッツ キュート]
(あの赤ちゃんを見て． — かわいいね！)

back [バック bǽk] 副

後ろに，もどって，元に

Go back to your seat.
[ゴウ バック トゥ ユア スィート]
— All right.
[オール ライト]
(席にもどりなさい． — わかりました．)

— 名

背中，後ろ

bad

［バッド bǽd］ 形 比較 worse（ワース） 最上 worst（ワースト）

悪(わる)い

How is your cold? — It's **bad**.
［ハウ イズ ユア コウルド イッツ バッド］
（かぜのぐあいはどう？ — ひどいよ.）

★**That's too bad.** それはお気(き)のどくです，ざんねんです

I don't feel well today. — **That's too bad.**
［アイ ドウント フィール ウェル トゥデイ ザッツ トゥー バッド］
（きょうは気分(きぶん)がよくないの. — それはお気(き)のどくね.）

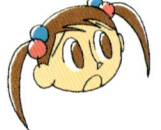

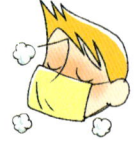

badminton

［バドミントン bǽdmìntən］ 名

バドミントン

Let's play **badminton**. — OK.
［レッツ プレイ バドミントン オウケイ］
（バドミントンをやろうよ. — うん.）

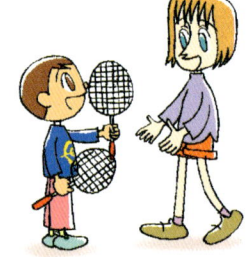

bag

［バッグ bǽg］ 名 複数 bags（バッグズ）

バッグ，かばん，ふくろ

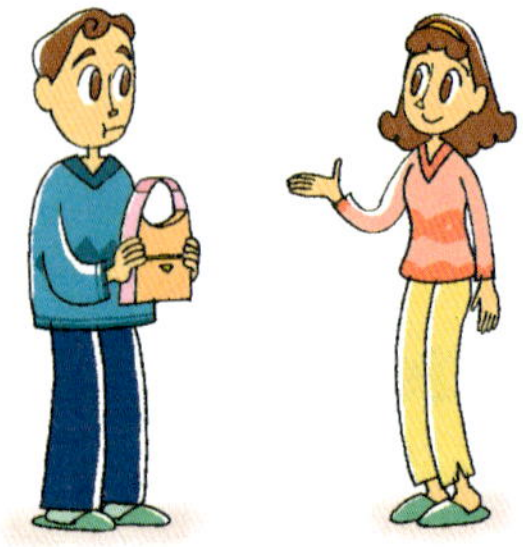

Whose **bag** is this? — It's Yumi's.
［フーズ バッグ イズ ズィス イッツ ユミズ］
（これはだれのかばん？ — ユミのよ.）

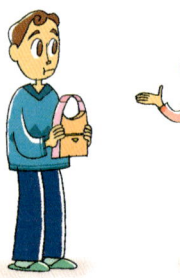

baker

［ベイカァ béikər］ 名

パン屋（☆人をさす）

ball

［ボール bɔ́:l］ 名 複数 balls（ボールズ）

ボール，球(たま)

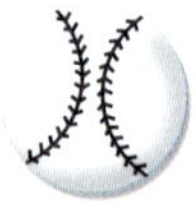

banana—basketball

banana [バナナ bənǽnə] 名 (複数) bananas
バナナ

I like apples. How about you? — I like bananas.
[アイライク アプルズ ハウ アバウト ユー アイライク バナナズ]
(わたしはりんごが好き．あなたは？ — ぼくはバナナが好き．)

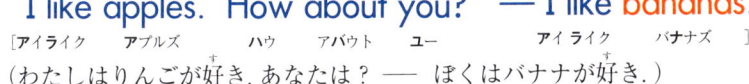

Bangkok [バンカック bǽŋkàːk] 名
バンコク（☆タイの首都）

bank [バンク bǽŋk] 名 (複数) banks
銀行

What does your father do? — He works in a bank.
[ホワット ダズ ユア ファーザァ ドゥー ヒー ワークス イン ア バンク]
(きみのお父さんはなにをしてるの？ — 銀行ではたらいています．)

baseball [ベイスボール béisbɔ̀ːl] 名
野球

What sports do you like?
[ホワット スポーツ ドゥ ユー ライク]
— I like baseball.
[アイ ライク ベイスボール]
(どんなスポーツが好き？ — 野球が好きだな．)

basketball [バスケトボール bǽskitbɔ̀ːl] 名
バスケットボール

When do you play basketball?
[ホウェン ドゥ ユー プレイ バスケトボール]
— I play after school.
[アイ プレイ アフタァ スクール]
(あなたはいつバスケットボールをするの？ — 放課後だよ．)

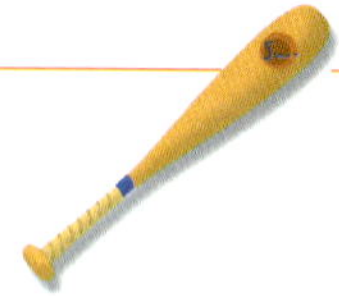

bat [バット bǽt] 名 (複数) bats

バット (☆野球でつかうバット)

Whose bat is this? — It's mine.
[フーズ　バット イズ ズィス　　イッツ　マイン]
(これはだれのバット？ — ぼくのだよ．)

bath [バス bǽθ] 名 (複数) baths

入浴, ふろ, 浴室

Take a bath before supper. — All right.
[テイク ア バス　ビフォーア　サパァ　　オール ライト]
(夕食の前におふろに入りなさい． — わかった．)

bathroom [バスルーム bǽθrùːm] 名 (複数) bathrooms

浴室, トイレ (☆家のトイレ)

Can you clean the bathroom?
[キャン　ユー　クリーン　ザ　バスルーム]

— OK. I will.
[オウケイ アイ ウィル]

(おふろのそうじをしてくれない？
— うん．やるよ．)

メモ 公共の場所のトイレは rest room といいます．

be [ビー bíː] 動 am, are, is の原形

❶ 〜である, 〜になる

Please be quiet. — Oh, I'm sorry.
[プリーズ　ビー クワイエト　　オウ　アイム ソリィ]
(静かにしてください． — ああ，ごめんなさい．)

❷ 〜にいる, ある

Will you be home tomorrow? — Yes. Why?
[ウィル　ユー　ビー　ホウム　　トゥモロウ　　イェス　　ホワイ]
(あすは家にいる？ — うん．なんで？)

beach [ビーチ bíːtʃ] 名 複数 beaches

浜辺, 海岸

Let's go to the beach.
[レッツ ゴウ トゥ ザ ビーチ]

— Sounds great!
[サウンズ グレイト]

(海岸に行こうよ. — いいわね！)

bear [ベア béər] 名 複数 bears

くま

What is that animal? — It's a bear.
[ホワット イズ ザット アニマル イッツ ア ベア]

(あの動物はなに？ — くまだよ.)

beautiful [ビューティフル bjúːtəfəl] 形

美しい, きれいな

Look at that picture!
[ルック アット ザット ピクチャァ]

— It's beautiful.
[イッツ ビューティフル]

(あの絵を見て！ — きれいだね.)

because [ビコーズ bikɔ́ːz] 接

なぜなら～, ～なので (☆理由をあらわす)

I was angry because he was late.
[アイ ワズ アングリィ ビコーズ ヒー ワズ レイト]

(彼がおくれたから, おこったの.)

become

［ビカム bikʌ́m］ 動 三単 becomes（ビカムズ） 過去 became（ビケイム） 現分 becoming（ビカミング）

～になる

I want to **become** a soccer player.
［アイ ワント トゥ ビカム ア サカァ プレイア

— Me, too.
ミー トゥー］

（ぼくはサッカー選手(せんしゅ)になりたいな．
— ぼくもだよ．）

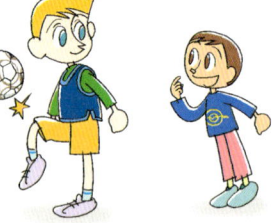

bed

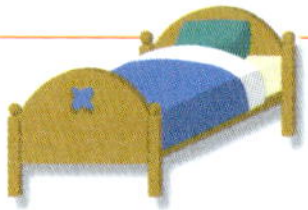

［ベッド béd］ 名 複数 beds（ベッズ）

ベッド

Where is my doll? — It's on the **bed**.
［ ホウェア イズ マイ ドル イッツ オン ザ ベッド ］

（わたしの人形(にんぎょう)はどこ？ — ベッドの上(うえ)よ．）

★**go to bed** 寝(ね)る

What time do you **go to bed**? — About nine.
［ ホワット タイム ドゥ ユー ゴウ トゥ ベッド アバウト ナイン ］

（きみは何時(なんじ)に寝(ね)るの？ — 9時(じ)ごろよ．）

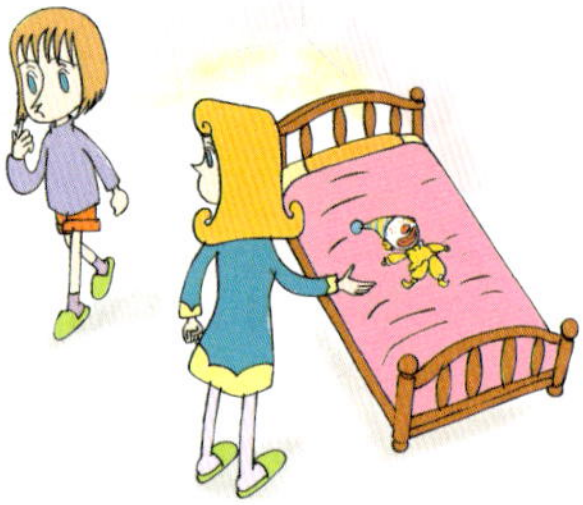

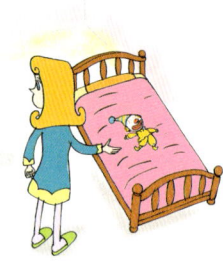

bedroom

［ベッドルーム bédrùːm］ 名 複数 bedrooms（ベッドルームズ）

寝室(しんしつ)

Where is Ken?
［ ホウェア イズ ケン

— He is in the **bedroom**.
ヒー イズ イン ザ ベッドルーム ］

（ケンはどこにいるの？
— 寝室(しんしつ)にいるよ．）

bee

［ビー bíː］ 名 複数 bees（ビーズ）

みつばち，はち

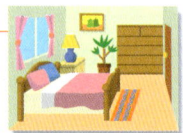

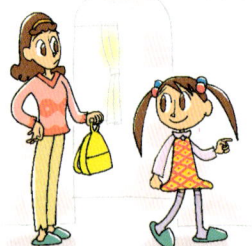

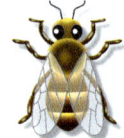

beef [ビーフ bíːf] 名

牛肉(ぎゅうにく)

Beef or chicken? — Beef, please.
[ビーフ オーァ チキン ビーフ プリーズ]
(牛肉(ぎゅうにく)にしますか，それとも鳥肉(とりにく)にしますか？ — 牛肉(ぎゅうにく)をおねがいします.)

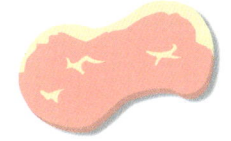

beer [ビア bíər] 名

ビール

Do you drink beer?
[ドゥ ユー ドゥリンク ビア
— No, I don't.
ノウ アイ ドウント]
(ビールを飲(の)みますか？
— いや，飲(の)まないよ.)

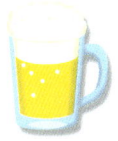

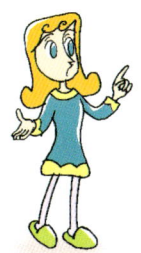

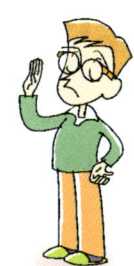

before [ビフォーァ bifɔ́ːr] 前

～の前(まえ)に，～の前(まえ)の 対 after (～のあとに)

When do you study?
[ホウェン ドゥ ユー スタディ
— Before supper.
ビフォーァ サパァ]
(きみはいつ勉強(べんきょう)するの？ — 夕食(ゆうしょく)の前(まえ)だよ.)

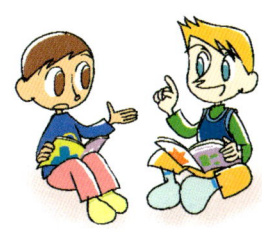

begin [ビギン bigín] 動 三単 begins (ビギンズ) 過去 began (ビギャン) 現分 beginning (ビギニング)

はじまる，～をはじめる

What time does school begin?
[ホワット タイム ダズ スクール ビギン
— At eight.
アット エイト]
(学校(がっこう)は何時(なんじ)にはじまるの？ — 8時(じ)だよ.)

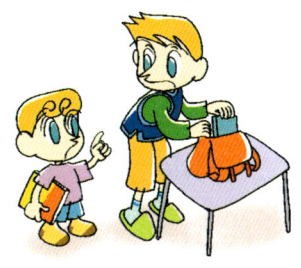

behind [ビハインド biháind] 前

～の後ろに，～の後ろの

Where are you, Yumi?
[ホウェア アー ユー ユミ]

— I'm behind you.
[アイム ビハインド ユー]

(ユミ，どこにいるの？ —— あなたの後ろよ．)

believe [ビリーヴ bilíːv] 動 三単 believes 過去 believed 現分 believing

～を信じる

Don't believe him.
[ドウント ビリーヴ ヒム]

— Why?
[ホワイ]

(彼を信じたらだめだよ．—— どうして？)

belt [ベルト bélt] 名 複数 belts

ベルト，帯

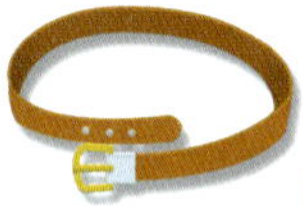

Whose belt is this?
[フーズ ベルト イズ ズィス]

— It's my father's.
[イッツ マイ ファーザァズ]

(これはだれのベルト？ —— ぼくのお父さんのだよ．)

bench [ベンチ béntʃ] 名 複数 benches

ベンチ

I'm tired.
[アイム タイアド]

— Me, too. Let's sit on that bench.
[ミー トゥー レッツ スィットオン ザット ベンチ]

(つかれたよ．—— ぼくも．あのベンチにすわろうよ．)

best [ベスト bést] 形 good, well の最上級

もっともよい，最高の

Who is your best friend? — Bob is.
[フー イズ ユア ベスト フレンド ボブ イズ]
(あなたの親友はだれ？ — ボブよ．)

— 副 well の最上級

もっともよく，いちばん

What season do you like the best?
[ホワット スィーズン ドゥ ユー ライク ザ ベスト

— I like spring the best.
アイ ライク スプリング ザ ベスト]
(どの季節がいちばん好き？
— わたしは春がいちばん好き．)

better [ベタァ bétər] 形 good, well の比較級

よりよい

How is your mother?
[ハウ イズ ユア マザァ]

— She is better now.
[シー イズ ベタァ ナウ]
(お母さんのぐあいはどうですか？
— だいぶよくなりました．)

— 副 well の比較級

もっとよく，もっと

between [ビトゥウィーン bitwíːn] 前

〜の間に，〜の間の（☆2つのものの間をさす）

Yumi is sitting between Bob and Lucy.
[ユミ イズ スィティング ビトゥウィーン ボブ アンド ルースィ]
(ユミはボブとルーシーの間にすわっています．)

bicycle [バイスィクル báisikl] 名 複数 bicycles

自転車（☆bike ともいう）

big [ビッグ bíg] 形 比較 bigger 最上 biggest

大きい

Look at that dog.
[ルック アット ザット ドーグ]
— Wow! It's big.
[ワウ イッツ ビッグ]
(あの犬を見て.
— うわー！大きいね.)

bike [バイク báik] 名 複数 bikes

自転車

How do you go to school?
[ハウ ドゥ ユー ゴウ トゥ スクール]
— By bike.
[バイ バイク]
(あなたはどうやって学校に通ってるの？
— 自転車でだよ.)

bird [バード báːrd] 名 複数 birds

鳥

Do you have any birds?
[ドゥ ユー ハヴ エニィ バーズ]
— No, I don't.
[ノウ アイ ドゥント]
(あなたは鳥を飼ってる？
— いや, 飼ってないよ.)

birthday [バースデイ bá:rθdèi] 名 複数 birthdays バースデイズ

誕生日（たんじょうび）

When is your birthday?
[ホウェン イズ ユア バースデイ]

— It's April 10.
　　 イッツ エイプリル テンス

（きみの誕生日はいつ？ — 4月10日よ．）

Happy birthday!
[ハピィ バースデイ]

— Thanks.
　　 サンクス

（お誕生日おめでとう．
— ありがとう．）

black [ブラック blǽk] 名

黒（くろ），黒色（こくしょく）

— 形

黒い（くろい）

What color is her hair? — It's black.
[ホワット カラァ イズ ハー ヘア イッツ ブラック]

（彼女の髪は何色？ — 黒だよ．）

blond [ブロンド blánd] 形

金髪（きんぱつ）の，ブロンドの

Is Nancy's hair brown? — No. She has blond hair.
[イズ ナンスィズ ヘア ブラウン ノウ シー ハズ ブロンド ヘア]

（ナンシーの髪は茶色？ — いや．彼女は金髪だよ．）

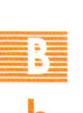

B
b

blue
［ブルー blúː］ 名

青(あお)，空色(そらいろ)

—形

青(あお)い

The sky is blue! — Yeah. It's a nice day.
［ザ スカイ イズ ブルー イェア イッツ ア ナイス デイ］
（空(そら)が青(あお)いね．— うん．いい天気(てんき)だね．）

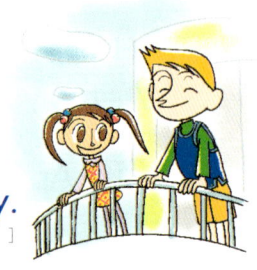

boat
［ボウト bóut］ 名 複数 boats（ボウツ）

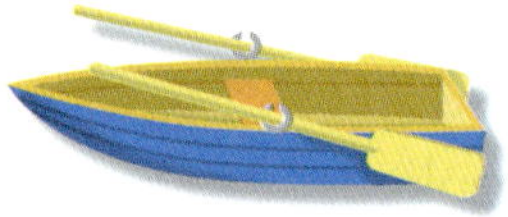

ボート，船(ふね)

Let's go to that island by boat.
［レッツ ゴウ トゥ ザット アイランド バイ ボウト
— Good idea.
グッド アイディーア］

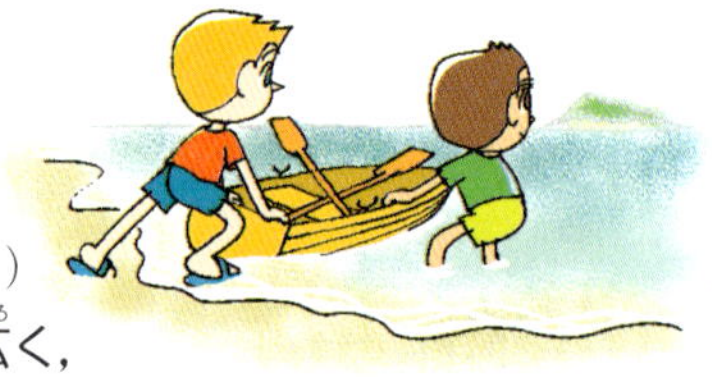

（ボートであの島(しま)へ行(い)ってみよう．— いいね．）

メモ boat は日本語(にほんご)の「ボート」より意味(いみ)が広(ひろ)く，大型(おおがた)の客船(きゃくせん)までさすこともあります．

body
［ボディ bádi］ 名 複数 bodies（ボディズ）

からだ

book
［ブック búk］ 名 複数 books（ブックス）

本(ほん)

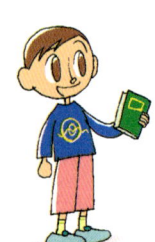

This book is really interesting.
［ズィス ブック イズ リーアリィ インタレスティング
— Can I borrow it?
キャン アイ ボロウ イット］

（この本(ほん)はほんとうにおもしろいよ．
— 借(か)りてもいい？）

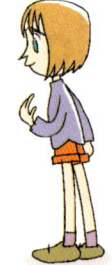

bookstore [ブックストーァ búkstɔ́ːr] 名 複数 bookstores

本屋, 書店

Where are you going?
[ホウェア アー ユー ゴウイング]

— **I'm going to the bookstore.**
[アイム ゴウイング トゥ ザ ブックストーァ]

(どこに行くの？
— 本屋に行くところだよ．)

boot [ブート búːt] 名 複数 boots

長ぐつ, ブーツ (☆ふつう boots の形でつかう)

Take off your boots.
[テイク オーフ ユア ブーツ]

(ブーツをぬぎなさい．)

borrow [ボロウ bárou] 動 三単 borrows 過去 borrowed 現分 borrowing

〜を借りる 対 lend (〜を貸す)

Can I borrow your pencil?
[キャン アイ ボロウ ユア ペンスル]

— **Sure, go ahead.**
[シュア ゴウ アヘッド]

(えんぴつを借りてもいい？
— もちろん, どうぞ．)

both [ボウス bóuθ] 形

両方の (☆しばしば both ～ and ～ の形でつかう)

Does she speak French?
[ダズ　シー　スピーク　フレンチ]
— Yes. She speaks both French and English.
[イェス　シー　スピークス　ボウス　フレンチ　アンド　イングリッシュ]
(彼女はフランス語を話すの？
— うん．フランス語と英語の両方を話すよ．)

― 代

両方

Which do you want? — I want both!
[ホウィッチ　ドゥ　ユー　ワント　アイ　ワント　ボウス]
(どっちがほしい？ — 両方！)

bottle [ボトゥル bátl] 名 複数 bottles

びん，1びんの量

Can you open this bottle? — Sure.
[キャン　ユー　オウプン　ズィス　ボトゥル　シュア]
(このびんをあけてくれる？ — いいよ．)

bowl [ボウル bóul] 名 複数 bowls

ボール，どんぶり

Bring me the bowl. — OK.
[ブリング　ミー　ザ　ボウル　オウケイ]
(ボールをもってきてちょうだい． — はい．)

box [ボックス báks] 名 複数 boxes
箱

Don't open the box. — Why?
[ドウント オウプン ザ ボックス ホワイ]
(その箱をあけちゃだめ. — どうして？)

boy [ボイ bói] 名 複数 boys
男の子, 少年 対 girl (女の子)

Who is that boy? — That's my brother.
[フー イズ ザット ボイ ザッツ マイ ブラザァ]
(あの男の子はだれ？ — あれはぼくの弟だよ.)

bread [ブレッド bréd] 名
パン

Do you like rice? — No. I like bread.
[ドゥ ユー ライク ライス ノウ アイ ライク ブレッド]
(ごはんは好き？ — いや. ぼくはパンが好きだな.)

break [ブレイク bréik] 動 三単 breaks 過去 broke 現分 breaking
〜をこわす, わる, やぶる

Who broke the glass? — I did.
[フー ブロウク ザ グラス アイ ディド]
(だれがコップをわったの？ — ぼくがわりました.)

breakfast [ブレックファスト brékfəst] 名
朝食

Breakfast is ready. — I'm coming.
[ブレックファスト イズ レディ アイム カミング]
(朝ごはんの用意ができましたよ. — いま行きます.)

bridge [ブリッジ brídʒ] 名 複数 bridges

橋

How long is the bridge?
[ハウ ローング イズ ザ ブリッジ]
— About fifty meters.
[アバウト フィフティ ミータァズ]
(この橋はどれくらいの長さがあるの？
── およそ50メートルよ．)

bring [ブリング bríŋ] 動 三単 brings 過去 brought 現分 bringing

〜をもってくる，〜を連れてくる

Will you bring me the newspaper? — All right.
[ウィル ユー ブリング ミー ザ ニューズペイパァ オール ライト]
(新聞をもってきてくれる？ ── いいよ．)

brother [ブラザァ bráðər] 名 複数 brothers

兄弟, 兄, 弟 対 sister（姉妹）

My brother is in the soccer team.
[マイ ブラザァ イズ イン ザ サカァ ティーム]
(わたしの弟はサッカーのチームに入っています．)

メモ 英語ではふつう「兄」「弟」を区別せずに，単に brother といいます．とくに区別するときは，big brother（兄），little brother（弟）などといいます．

brown [ブラウン bráun] 名

茶色

── 形

茶色の

What color is your bag? — It's brown.
[ホワット カラァ イズ ユア バッグ イッツ ブラウン]
(きみのバッグは何色？ ── 茶色だよ．)

brush [ブラッシュ brʌ́ʃ] 名 複数 brushes

ブラシ, はけ

—動 三単 brushes 過去 brushed 現分 brushing

〜にブラシをかける, 〜をみがく

Wash your face and brush your teeth. — OK.
[ワッシュ ユア フェイス アンド ブラッシュ ユア ティース オウケイ]
(顔をあらって, 歯をみがきなさい. — わかった.)

build [ビルド bíld] 動 三単 builds 過去 built 現分 building

〜を建てる, つくる

Who built this house? — My grandfather did.
[フー ビルト ズィス ハウス マイ グランファーザァ ディド]
(この家はだれが建てたの? — ぼくのおじいちゃんだよ.)

building [ビルディング bíldiŋ] 名 複数 buildings

建物, ビル

How high is that building? — About a hundred meters.
[ハウ ハイ イズ ザット ビルディング アバウト ア ハンドゥレッド ミータァズ]
(あのビルはどれくらいの高さがあるの? — およそ100メートルだよ.)

bus [バス bʌ́s] 名 複数 buses

バス

How do you get there? — By bus.
[ハウ ドゥ ユー ゲット ゼア バイ バス]
(どうやってそこへ行くの? — バスでだよ.)

busy [ビズィ bízi] 形 比較 busier 最上 busiest

いそがしい 対 free (ひまな)

Are you busy? — No, I am not.
[アー ユー ビズィ ノウ アイ アム ノット]
(いそがしい？ —— いや，いそがしくないよ．)

but [バット bʌ́t] 接

しかし，だが，けれども

Can you play the violin?
[キャン ユー プレイ ザ ヴァイオリン]

— No. But Lucy can.
[ノウ バット ルースィ キャン]
(あなたはバイオリンをひける？
—— いや．でもルーシーならひけるよ．)

butter [バタァ bʌ́tər] 名

バター

Jam or butter?
[ジャム オーァ バタァ]

— Butter, please.
[バタァ プリーズ]
(ジャムにする？ それともバター？
—— バターをおねがい．)

buy [バイ bái] 動 三単 buys 過去 bought 現分 buying

～を買う

What did you buy?
[ホワット ディド ユー バイ]

— I bought a CD.
[アイ ボート ア スィーディー]
(なにを買ったの？ —— CDを買ったよ．)

by [バイ bái] 前

❶ ～で，～によって（☆手段・方法をあらわす）

How do you come to school?
[ハウ ドゥ ユー カム トゥ スクール]

— By bus.
[バイ バス]

(きみはどうやって学校に来てるの？
— バスでよ．)

❷ ～のそばに，～のそばで（☆場所をあらわす）

He lives by the sea. — That's great!
[ヒー リヴズ バイ ザ スィー　ザッツ　グレイト]

(彼は海の近くに住んでいるんだよ． — それはすてきね！)

❸ ～までに（☆時間をあらわす）

Come home by six.
[カム　ホウム　バイ スィックス]

— All right.
[オール ライト]

(6時までに帰ってきなさい．
— わかった．)

---

bye [バイ bái] 間

さよなら（☆good-bye のくだけた言いかた．bye-bye ともいう）

Good-bye. — Bye.
[グッドバイ　バイ]

(さようなら． — さよなら．)

Cc

[スィー síː]

A B **C** D E F G H I J K L M N O P Q R S T U V W X Y Z
a b **c** d e f g h i j k l m n o p q r s t u v w x y z

cabbage [キャベッジ kǽbidʒ] 名

キャベツ

cake [ケイク kéik] 名 複数 cakes (ケイクス)

ケーキ

Do you want some cake? — Yes, please!
[ドゥ ユー ワント サム ケイク イェス プリーズ]
(ケーキはいかが？ — うん，おねがい！)

メモ a cake というと，切り分ける前の まるごとの大きなものをさします．

calendar [キャレンダァ kǽləndər] 名 複数 calendars (キャレンダァズ)

カレンダー，こよみ

Where is the calendar?
[ホウェア イズ ザ キャレンダァ

— There! On the wall.
ゼア オン ザ ウォール]
(カレンダーはどこ？
— そこ！ 壁にかかってるでしょ．)

call [コール kɔ́ːl] 動 (三単) calls (過去) called (現分) calling

❶ ～を呼ぶ, ～と呼ぶ

What's your name? — I'm Yumi Suzuki. Call me Yumi.
[ホワッツ ユア ネイム アイム ユミ スズキ コール ミー ユミ]
(名前はなんていうの？ — わたしは鈴木ユミ. ユミって呼んでね.)

❷ 電話をかける

Please call me tonight. — OK, I will.
[プリーズ コール ミー トゥナイト オウケイ アイ ウィル]
(今晩電話してね. — うん, そうする.)

camera [キャメラ kǽmərə] 名 (複数) cameras

カメラ

Whose camera is this?
[フーズ キャメラ イズ ズィス]

— It's my camera.
[イッツ マイ キャメラ]

(これはだれのカメラですか？ — それはわたしのカメラだよ.)

can [キャン kǽn] 助 (過去) could

❶ ～することができる

Can you swim? — Yes. I love swimming.
[キャン ユー スウィム イェス アイ ラヴ スウィミング]
(あなたは泳げる？ — うん. ぼく泳ぐのが大好きなんだ.)

❷ ～してもよい

Can I ride your bike? — Sure.
[キャン アイ ライド ユア バイク シュア]
(きみの自転車にのってもいい？ — いいよ.)

Can you help me, Bob? — OK.
[キャン ユー ヘルプ ミー ボブ オウケイ]
(ボブ, 手伝ってくれる？ — いいよ.)

Canada

Canada [キャナダ kǽnədə] 名
カナダ

Canadian

Canadian [カネイディアン kənéidiən] 名 複数 Canadians（カネイディアンズ）
カナダ人

——形
カナダの，カナダ人の

candle

candle [キャンドゥル kǽndl] 名 複数 candles（キャンドゥルズ）
ろうそく

Those candles are beautiful!
[ゾウズ　キャンドゥルズ　アー　ビューティフル]
(あのろうそく，きれいね！)

candy

candy [キャンディ kǽndi] 名
キャンディー，あめ

This candy is sour.
[ズィス　キャンディ　イズ　サウア]
(このキャンディー，すっぱいよ．)

cannot

cannot [キャノット kǽnat] can の否定形
〜できない

can't

can't [キャント kǽnt] can not の短縮形

I can't swim. — Really?
[アイ　キャント　スウィム　　　リーアリィ]
(ぼく，泳げないんだ．—— ほんと？)

cap [キャップ kǽp] 名 複数 caps

ぼうし（☆ふちのないものをさす）

Where is my cap? — It's on the table.
[ホウェア イズ マイ キャップ　イッツ オン ザ テイブル]
（ぼくのぼうしはどこ？ —— テーブルの上よ．）

メモ ふちのないぼうしや前だけにひさしのあるぼうしを cap といい，ふちのあるぼうしを hat といいます．

capital [キャピトゥル kǽpətl] 名 複数 capitals

首都

What is the capital of France?
[ホワット イズ ザ キャピトゥル オヴ フランス]
— It's Paris.
[イッツ パリス]
（フランスの首都はどこ？ —— パリよ．）

car [カー kɑ́ːr] 名 複数 cars

車，自動車

Who drives the car? — My father does.
[フー ドゥライヴズ ザ カー　マイ ファーザァ ダズ]
（その車はだれが運転するの？ —— ぼくのお父さんだよ．）

card [カード kɑ́ːrd] 名 複数 cards

カード，はがき，トランプのふだ

How many cards do you have?
[ハウ メニィ カーズ ドゥ ユー ハヴ]
— About fifty.
[アバウト フィフティ] 
（きみは何まいカードをもってるの？
—— 50まいくらい．）

care [ケア kéər] 名

世話, 心配

★**Take care.** 気をつけて, さようなら

Take care, Dad. — You, too.
[テイク ケア ダッド ユー トゥー]
(気をつけてね, お父さん. — おまえもね.)

careful [ケアフル kéərfəl] 形

注意深い

Be careful! A car is coming.
[ビー ケアフル ア カー イズ カミング]
— Oh! Thank you.
[オウ サンク ユー]
(気をつけて！ 車が来るよ.
— ああ！ ありがとう.)

carefully [ケアフリィ kéərfəli] 副

注意して, 気をつけて

Please listen carefully.
[プリーズ リスン ケアフリィ]
(注意して聞いてください.)

carrot [キャロット kǽrət] 名 (複数) carrots [キャロッツ]

にんじん

Do you like carrots? — No, I don't.
[ドゥ ユー ライク キャロッツ ノウ アイ ドウント]
(にんじんは好き？ — いや, 好きじゃないよ.)

carry—CD

carry [キャリィ kǽri] 動 (三単) carries (過去) carried (現分) carrying

～を運ぶ，もっていく

Can you carry this bag?
[キャン ユー キャリィ ズィス バッグ]
— No problem.
[ノウ プロブレム]
(このバッグを運んでくれる？
— いいよ．)

castle [キャスル kǽsl] 名 (複数) castles

城

cat [キャット kǽt] 名 (複数) cats

ねこ

Do you have any cats?
[ドゥ ユー ハヴ エニィ キャッツ]
— Yes. I have three cats.
[イェス アイ ハヴ スリー キャッツ]
(きみはねこを飼ってる？—— ええ．3びき飼ってるの．)

catch [キャッチ kǽtʃ] 動 (三単) catches (過去) caught (現分) catching

～をつかまえる，つかむ

Catch the ball!
[キャッチ ザ ボール]
(ボールをつかめ！)

CD [スィーディー síːdíː] 名 (複数) CDs

CD (☆compact disk の略)

center — change

center [センタァ séntər] 名 複数 centers センタァズ

中心, 中心地, センター

Where are you going?
[ホウェア アー ユー ゴウイング]
— I'm going to the shopping center.
[アイム ゴウイング トゥ ザ ショピング センタァ]
(どこへ行くの？
—— ショッピングセンターへ行くの.)

---

cereal [スィアリアル síəriəl] 名

シリアル（☆オートミール・コーンフレークなど，穀物を加工した食品）

Do you like cereal?
[ドゥ ユー ライク スィアリアル]
— No, I don't.
[ノウ アイ ドウント]
(あなたはシリアルは好き？
—— いや，好きじゃないよ.)

---

chair [チェア tʃéər] 名 複数 chairs チェアズ

いす

Please sit down on that chair. — Thanks.
[プリーズ スィット ダウン オン ザット チェア サンクス]
(あのいすにすわってください. —— ありがとう.)

---

change [チェインジ tʃéindʒ] 動 三単 changes チェインジズ 過去 changed チェインジド 現分 changing チェインジング

変わる, ～を変える

Change trains at Nagoya.
[チェインジ トゥレインズ アット ナゴヤ]
— OK.
[オウケイ]
(名古屋で電車を乗りかえるんだよ. —— わかった.)

cheese [チーズ tʃíːz] 名

チーズ

Do you want some cheese?
[ドゥ ユー ワント サム チーズ]

— No, thanks.
[ノウ サンクス]

(チーズはいかが？ — いや, いいよ.)

cherry [チェリィ tʃéri] 名 (複数) cherries [チェリィズ]

さくらんぼ, さくら

What is that tree?
[ホワット イズ ザット トゥリー]

— It's a cherry tree.
[イッツ ア チェリィ トゥリー]

(あの木はなに？ — さくらの木だよ.)

メモ 「さくらの花」のことは cherry blossoms [ブロッサムズ] といいます.

chicken [チキン tʃíkin] 名 (複数) chickens [チキンズ]

❶ にわとり, ひよこ

❷ とり肉 (☆複数形にはならない)

Let's have fried chicken for lunch. — Sounds good.
[レッツ ハヴ フライド チキン フォア ランチ サウンズ グッド]

(お昼にフライドチキンを食べよう. — いいね.)

child [チャイルド tʃáild] 名 (複数) children [チルドゥレン]

子ども

Do you have any brothers?
[ドゥ ユー ハヴ エニィ ブラザァズ]

— No. I'm an only child.
[ノウ アイム アン オウンリィ チャイルド]

(兄弟はいる？ — いや. ぼくはひとりっ子なんだ.)

children

[チルドゥレン tʃíldrən] 名 child (子ども) の複数形

chimpanzee

[チンパンズィー tʃìmpænzíː] 名 複数 chimpanzees
チンパンジー

China

[チャイナ tʃáinə] 名
中国

China is a very large country.
[チャイナ イズ ア ヴェリィ ラージ カントゥリィ]
(中国はとても広い国です．)

Chinese

[チャイニーズ tʃàiníːz] 名 複数 Chinese
中国人，中国語

—形
中国の，中国人の

Are you Chinese?
[アー ユー チャイニーズ]
— Yes, I am.
[イェス アイ アム]
(あなたは中国人ですか？ — はい，そうです．)

chip

[チップ tʃíp] 名 複数 chips
かけら，ポテトチップ (☆potato chip ともいう)

Do you want some chips?
[ドゥ ユー ワント サム チップス]
— No, thanks.
[ノウ サンクス]
(ポテトチップ，いる？
 — ううん，いらないわ．)

chocolate [チョーコレット tʃɔ́ːkələt] 名

チョコレート，ココア

How about some chocolate?
[ハウ アバウト サム チョーコレット]
— Yes, please.
[イェス プリーズ]
(チョコレートはいかが？
── うん，おねがい．)

Christmas [クリスマス krísməs] 名

クリスマス

Merry Christmas, Yumi!
[メリィ クリスマス ユミ]
— Merry Christmas!
[メリィ クリスマス]
(メリークリスマス，ユミ！
── メリークリスマス！)

church [チャーチ tʃə́ːrtʃ] 名 (複数) churches
チャーチズ

教会
きょうかい

When do you go to church?
[ホウェン ドゥ ユー ゴウ トゥ チャーチ]
— Every Sunday.
[エヴリィ サンデイ]
(きみはいつ教会に行くの？── 毎週日曜日だよ．)

circle [サークル sə́ːrkl] 名 (複数) circles
サークルズ

円，丸，輪
えん まる わ

Draw a circle in your notebook.
[ドゥロー ア サークル イン ユア ノウトブック]
(ノートに円をかきなさい．)

city

city [スィティ síti] 名 複数 cities

都市, 市

Is Sapporo a big city? — Yes, it's very big.
[イズ　サッポロ　ア　ビッグ　スィティ　　　　イェス　イッツ　ヴェリィ　ビッグ]
(札幌は大きな町？ ── うん, とても大きいよ.)

clap

clap [クラップ klǽp] 動 三単 claps 過去 clapped 現分 clapping

〜をたたく, 拍手する

Clap your hands.
[クラップ　ユア　ハンズ]
(手をたたいて.)

class

class [クラス klǽs] 名 複数 classes

クラス, 学級, 授業

Are you in the same class?
[アー　ユー　イン　ザ　セイム　クラス]

— Yes, we are.
[イェス　ウィー　アー]
(きみたちは同じクラス？ ── うん, そうだよ.)

classical

classical [クラスィカル klǽsikəl] 形

古典の, クラシックの

I like pop music. How about you?
[アイライク　ポップ　ミューズィック　ハウ　アバウト　ユー]

— I like classical music.
[アイライク　クラスィカル　ミューズィック]
(ぼくはポピュラー音楽が好き. きみは？
── わたしはクラシック音楽が好き.)

classmate [クラスメイト klæsmèit] 名 複数 classmates

同級生, クラスメート

Who is that boy?
[フー イズ ザット ボイ]
— That's Tom, my classmate.
[ザッツ トム マイ クラスメイト]
(あの男の子はだれ？
── あれはトムだよ, ぼくのクラスメートなんだ.)

classroom [クラスルーム klæsrùːm] 名 複数 classrooms

教室

We eat lunch in the classroom.
[ウィー イート ランチ イン ザ クラスルーム]
(ぼくたちは教室でお昼ごはんを食べます.)

clean [クリーン klíːn] 動 三単 cleans 過去 cleaned 現分 cleaning

〜をそうじする, きれいにする

Clean your room, Yumi.
[クリーン ユア ルーム ユミ]
— All right.
[オール ライト]
(ユミ, 部屋をそうじしなさい.── わかった.)

──形 比較 cleaner 最上 cleanest

きれいな, 清潔な

The bathroom is clean. — Yes. I cleaned it.
[ザ バスルーム イズ クリーン イェス アイ クリーンドイット]
(おふろがきれいね.── ええ. わたしがそうじしたの.)

climb

[クライム kláim] 動 三単 climbs 過去 climbed 現分 climbing

〜にのぼる

Let's climb that mountain. — OK.
[レッツ クライム ザット マウンテン オウケイ]
(あの山にのぼろうよ. — うん.)

clock

[クロック klák] 名 複数 clocks

置き時計, 掛け時計

Which clock do you want?
[ホウィッチ クロック ドゥ ユー ワント]

— I want this one.
[アイ ワント ズィス ワン]
(あなたはどっちの時計がほしい？ — こっちがほしいな.)

close

[クロウズ klóuz] 動 三単 closes 過去 closed 現分 closing

〜をしめる, とじる 対 open (〜をあける)

Please close the door. — Sure.
[プリーズ クロウズ ザ ドーァ シュア]
(ドアをしめて. — はい.)

cloud

[クラウド kláud] 名 複数 clouds

くも

cloudy

[クラウディ kláudi] 形

くもった, くもりの

How's the weather? — It's cloudy.
[ハウズ ザ ウェザァ イッツ クラウディ]
(天気はどう？ — くもりよ.)

club [クラブ klʌ́b] 名 (複数) clubs

クラブ, 部

What club are you in? — I'm in the soccer club.
[ホワット クラブ アー ユー イン アイム イン ザ サカァ クラブ]
(きみはなんのクラブに入ってるの？ — サッカー部に入ってるんだよ.)

coat [コウト kóut] 名 (複数) coats

コート, 上着

Whose coat is this?
[フーズ コウト イズ ズィス]
— It's mine.
[イッツ マイン]
(これはだれのコート？ — わたしのよ.)

coffee [コーフィ kɔ́ːfi] 名

コーヒー

Tea or coffee? — Coffee, please.
[ティー オーァ コーフィ コーフィ プリーズ]
(紅茶にする？ それともコーヒー？
— コーヒーをおねがい.)

coin [コイン kɔ́in] 名 (複数) coins

コイン, 硬貨

Do you have any coins?
[ドゥ ユー ハヴ エニィ コインズ]
— Yes. I have seven coins.
[イェス アイ ハヴ セヴン コインズ]
(コインをもってる？
— うん. 7まいもってるよ.)

cola [コウラ kóulə] 名

コーラ

Do you like cola? — No, I don't.
[ドゥ ユー ライク コウラ　ノウ アイ ドウント]
(きみはコーラ好き？ — いや,好きじゃないな.)

cold [コウルド kóuld] 形 比較 colder 最上 coldest

寒い, 冷たい 対 hot (暑い, 熱い)

It's cold. — Yes. Let's go inside.
[イッツ コウルド　イェス　レッツ ゴウ インサイド]
(寒いね. — うん. 中に入ろう.)

—名 複数 colds

かぜ

My mother is in bed with a cold.
[マイ　マザァ　イズ イン ベッド ウィズ ア コウルド]
(母はかぜでねています.)

collect [コレクト kəlékt] 動 三単 collects 過去 collected 現分 collecting

集める, 収集する

What's your hobby? — Collecting stamps.
[ホワッツ　ユア　ホビィ　コレクティング　スタンプス]
(きみの趣味はなに？ — 切手を集めることだよ.)

college [カレッジ kálidʒ] 名 複数 colleges

大学, 単科大学

My brother is in college.
[マイ　ブラザァ　イズ イン　カレッジ]
(わたしの兄は大学に行っています.)

color [カラァ kʌ́lər] 名 (複数) colors

色 (☆イギリスでは colour とつづる)

What color do you like? — I like blue.
[ホワット カラァ ドゥ ユー ライク アイ ライク ブルー]
(きみは何色が好き？ — 青が好き.)

come [カム kʌ́m] 動 (三単) comes (過去) came (現分) coming

来る

Please come here. — All right.
[プリーズ カム ヒア オール ライト]
(こちらに来てください. — はい.)

comic [コミック kámik] 形

喜劇の，まんがの

Do you read comic books? — Yes. I love them.
[ドゥ ユー リード コミック ブックス イェス アイ ラヴ ゼム]
(きみはまんがの本を読む？
— うん．大好きだよ.)

— 名 (複数) comics

まんがの本

computer [コンピュータァ kəmpjúːtər] 名 (複数) computers

コンピュータ

Can I use this computer?
[キャン アイ ユーズ ズィス コンピュータァ]

— Sure. Go ahead.
[シュア ゴウ アヘッド]
(このコンピュータをつかってもいいですか？
— もちろん．どうぞ.)

concert [コンサァト kánsərt] 名 (複数) concerts

コンサート, 音楽会

How was the concert?
[ハウ ワズ ザ コンサァト]
— It was great!
[イット ワズ グレイト]
(そのコンサート, どうだった？
— とてもよかったわ！)

cook [クック kúk] 動 (三単) cooks (過去) cooked (現分) cooking

料理する（☆火をつかって料理をするときにつかう）

Please cook something for me. — All right.
[プリーズ クック サムスィング フォァ ミー オール ライト]
(なにか〔食べるものを〕つくってくれない？ — いいわよ.)

— 名 (複数) cooks

料理人, コック, 料理をつくる人

What do you do? — I am a cook.
[ホワット ドゥ ユー ドゥー アイ アム ア クック]
(あなたはなんの仕事をしていますか？
— わたしはコックです.)

cookie [クッキィ kúki] 名 (複数) cookies

クッキー

Want some cookies?
[ワント サム クッキィズ]
— Yes, please.
[イェス プリーズ]
(クッキーはいかが？
— うん, おねがい.)

cool [クール kúːl] 形 比較 cooler 最上 coolest

すずしい，冷たい 対 warm（あたたかい）

How's the weather?
［ハウズ　ザ　ウェザァ］
— It's cool.
［イッツ　クール］
（天気はどう？ — すずしいわ.）

corn [コーン kɔ́ːrn] 名

とうもろこし

corner [コーナァ kɔ́ːrnər] 名 複数 corners

角，まがり角，すみ

Where is the post office? — Just around the corner.
［ホウェア　イズ　ザ　ポウスト　オーフィス　　ジャスト　アラウンド　ザ　　コーナァ］
（郵便局はどこですか？ — ちょうど角をまがったところです.）

could [クッド kúd] 助 can の過去形

〜できた

I could not meet him at the station.
［アイ　クッド　ノット　ミート　ヒム　アット　ザ　ステイション］
（駅で彼に会うことができなかったの.）

★**Could you 〜?** 〜していただけますか（☆ていねいな言いかた）

Could you open the window?
［　クッド　　ユー　オウプン　ザ　ウィンドウ］
— All right.
［オール　ライト］
（窓をあけていただけますか？
— はい.）

count [カウント káunt] 動 三単 counts 過去 counted 現分 counting

数を数える, ～を数える

Close your eyes and count to ten.
[クロウズ ユア アイズ アンド カウント トゥ テン]
(目をとじて10まで数えて.)

country [カントゥリィ kántri] 名 複数 countries

❶ 国

What country are you from?
[ホワット カントゥリィ アー ユー フロム]
— I'm from Japan.
[アイム フロム ジャパン]
(あなたはどこの国の出身ですか？ — わたしは日本の出身です.)

❷ いなか（☆the country の形でつかう）

course [コース kɔ́ːrs] 名

進路, 方向

★**of course** もちろん

Can you help me? — Yes, of course.
[キャン ユー ヘルプ ミー イェス オフ コース]
(手伝ってくれる？ — ええ, もちろん.)

cousin [カズン kʌ́zn] 名 複数 cousins

いとこ

Who is that girl?
[フー イズ ザット ガール]
— That's my cousin.
[ザッツ マイ カズン]
(あの女の子はだれ？
— あれはぼくのいとこだよ.)

cow [カウ káu] 名 複数 cows

め牛, 乳牛

There are many cows on this farm.
[ゼア アー メニィ カウズ オン ズィス ファーム]
(この農場にはめ牛がいっぱいいるね.)

crayon [クレイオン kréiɑn] 名 複数 crayons

クレヨン

Draw pictures with crayons.
[ドゥロー ピクチャァズ ウィズ クレイオンズ]
(クレヨンで絵をかいてごらん.)

cry [クライ krái] 動 三単 cries 過去 cried 現分 crying

泣く, さけぶ

Don't cry. You are not wrong.
[ドウント クライ ユー アー ノット ローング]

— Thank you.
[サンク ユー]
(泣かないで. きみはまちがってないよ.
— ありがとう.)

cup [カップ kʌ́p] 名 複数 cups

カップ, 茶わん, カップ1ぱいの量

How much milk do you need?
[ハウ マッチ ミルク ドゥ ユー ニード]

— One cup, please.
[ワン カップ プリーズ]
(牛乳はどれくらい必要？
— カップ1ぱいおねがい.)

curry — cute

curry [カーリィ kə́:ri] 名 (複数) curries
カレー，カレー料理
★ **curry and rice** カレーライス

curtain [カートゥン kə́:rtn] 名 (複数) curtains
カーテン

Can you close the curtain?
[キャン ユー クロウズ ザ カートゥン]
— Sure.
[シュア]
(カーテンをしめてくれる？ ── いいわよ．)

cut [カット kʌ́t] 動 (三単) cuts (過去) cut (現分) cutting
〜を切る

I cut my hand. — Oh, let me see.
[アイ カット マイ ハンド　オウ レット ミー スィー]
(手を切っちゃった．── あら，見せて．)

cute [キュート kjú:t] 形 (比較) cuter (最上) cutest
かわいい

Look at that girl! — She's cute.
[ルック アット ザット ガール　シーズ キュート]
(あの女の子を見て！ ── かわいいね．)

D d

[ディー díː]

A B C **D** E F G H I J K L M N O P Q R S T U V W X Y Z
a b c **d** e f g h i j k l m n o p q r s t u v w x y z

dad [ダッド dǽd] 名 複数 dads

お父さん, パパ 対 mom (お母さん)

Good night, Dad. — Good night.
[グッド ナイト ダッド グッド ナイト]
(おやすみなさい, お父さん. — おやすみ.)

メモ dad は家庭で子どもが父親によびかけたり, 父親のことをさすときによく用いられる語で, おとなでもしばしばつかいます.

dance [ダンス dǽns] 動 三単 dances 過去 danced 現分 dancing

おどる, ダンスをする

Can you dance well?
[キャン ユー ダンス ウェル]
— Yes, I can.
[イェス アイ キャン]
(じょうずにおどれる？
— うん, おどれるよ.)

—名 複数 dances

ダンス

I learned a new dance. — Oh, show me.
[アイ ラーンド ア ニュー ダンス オウ ショウ ミー]
(新しいダンスをおぼえたの. — えっ, 見せて.)

dangerous [デインジャラス déindʒərəs] 形

あぶない, 危険な

Look at that bridge!
[ルック アット ザット ブリッジ]
— It looks dangerous.
[イット ルックス デインジャラス]
(あの橋を見て！ — 危険そうね.)

dark [ダーク dá:rk] 形 比較 darker 最上 darkest

暗い 対 light (明るい)

Will you turn on the light? It's dark.
[ウィル ユー ターン オン ザ ライト イッツ ダーク]
— Sure.
[シュア]
(明かりをつけてくれる？ 暗いわ. — うん.)

date [デイト déit] 名 複数 dates

日付, 年月日

What's the date today? — It's June 5.
[ホワッツ ザ デイト トゥデイ イッツ ジューンフィフス]
(きょうは何日だっけ？ — きょうは6月5日よ.)

daughter [ドータァ dɔ́:tər] 名 複数 daughters

むすめ 対 son (むすこ)

Who is that girl?
[フー イズ ザット ガール]
— That's my daughter.
[ザッツ マイ ドータァ]
(あの女の子はだれですか？
— あれはわたしのむすめです.)

day [デイ déi] 名 複数 days

日，1日，昼間

What day is today? — It's Friday.
［ホワット デイ イズ トゥデイ　イッツ フライデイ］
（きょうは何曜日？ — 金曜日だよ.）

daytime [デイタイム déitàim] 名

昼間，日中

I sing in the daytime.
［アイ スィング イン ザ　デイタイム］
（わたしは昼間歌います.）

dear [ディア díər] 形

❶ いとしい，たいせつな
❷ 親愛なる〜（☆手紙の書きだしのことば）

Dear Yumi, I'm back in New York.
［ディア　ユミ　アイム　バック イン ニュー　ヨーク］
（親愛なるユミ，わたしはニューヨークにもどりました.）

December [ディセンバァ disémbər] 名

12月（☆Dec. と略す）

deep [ディープ díːp] 形 比較 deeper 最上 deepest

深い

Be careful. This river is very deep.
［ビー　ケアフル　ズィス　リヴァ イズ ヴェリィ　ディープ］
（気をつけて.この川はとても深いよ.）

deer―desk

deer [ディア díɚr] 名 複数 deer
しか

delicious [ディリシャス dilíʃəs] 形
おいしい

This pie is delicious. ― I'm glad you like it.
[ズィス パイ イズ ディリシャス　アイム グラッド ユー ライクイット]
(このパイ，おいしいですね．― 気に入ってもらえてうれしいわ．)

dentist [デンティスト déntist] 名 複数 dentists
歯医者

What do you do? ― I am a dentist.
[ホワット ドゥ ユー ドゥー　アイ アム ア デンティスト]
(あなたはなんの仕事をしていますか？ ― わたしは歯医者です．)

department [ディパートメント dipάːrtmənt] 名 複数 departments
部門，部 (☆役所・会社などの)

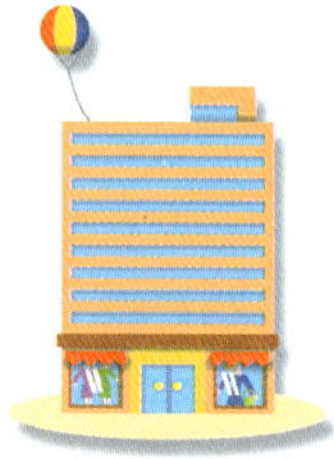

★**department store** デパート，百貨店

Where are you going?
[ホウェア アー ユー ゴウイング]
― To a department store.
[トゥー ア ディパートメント ストーァ]
(どこへ行くの？ ― デパートだよ．)

desk [デスク désk] 名 複数 desks
つくえ

Where is the notebook? ― It's on the desk.
[ホウェア イズ ザ ノウトブック　イッツ オン ザ デスク]
(ノートはどこ？ ― つくえの上だよ．)

dessert [ディザート dizə́ːrt] 名

デザート

Let's have dessert.
[レッツ ハヴ ディザート]
— Sounds good.
[サウンズ グッド]
(デザートを食べましょう．
— いいね．)

diary [ダイアリィ dáiəri] 名 複数 diaries

日記

Do you keep a diary?
[ドゥ ユー キープ ア ダイアリィ]
— No, I don't.
[ノウ アイ ドウント]
(きみは日記をつけてる？
— いや，つけてないよ．)

dictionary [ディクショネリィ díkʃənèri] 名 複数 dictionaries

辞書，辞典

Can I use your dictionary?
[キャン アイ ユーズ ユア ディクショネリィ]
— Sure.
[シュア]
(きみの辞書を借りてもいい？
— いいわよ．)

did—different

did [ディド díd] 助 do の過去形

❶ (☆過去の疑問文・否定文をつくる)

Did you call me last night?
[ディド ユー コール ミー ラスト ナイト]

— No, I didn't.
[ノウ アイディドゥント]

(きのうの夜，電話をくれた？
—— いや，かけてないよ．)

❷ (☆同じ動詞をくりかえすかわりにつかう)

Who broke the window? — I did.
[フー ブロウク ザ ウィンドウ アイディド]

(だれが窓ガラスをわったの？
—— ぼくがわりました．)

—— 動 do の過去形

〜をした

I did my homework before supper.
[アイディド マイ ホウムワーク ビフォーア サパァ]

(わたしは晩ごはんの前に宿題をしました．)

didn't [ディドゥント dídnt] did not の短縮形

different [ディファレント dífərənt] 形

ちがう，ことなった 対 same (同じ)

I have two different bags.
[アイ ハヴ トゥー ディファレント バッグズ]

(わたしは2つのちがうかばんをもっています．)

difficult [ディフィカルト dífikəlt] 形

むずかしい 対 easy（かんたんな）

Can you answer this question? — No. It's too difficult.
[キャン ユー アンサァ ズィス クウェスチョン ノウ イッツ トゥー ディフィカルト]
(この問題に答えられますか？ —— いいえ．むずかしすぎます．)

dinner [ディナァ dínər] 名

夕食，ごちそう（☆1日のうちでいちばん重要な食事）

Let's have dinner.
[レッツ ハヴ ディナァ]
— Sounds good.
[サウンズ グッド]
(晩ごはんを食べましょう．
—— そうだね．)

dish [ディッシュ díʃ] 名 複数 dishes（ディッシズ）

皿，食器

Who washes the dishes?
[フー ワッシズ ザ ディッシズ]
— I do.
[アイ ドゥー]
(だれがお皿をあらうんですか？
—— わたしだよ．)

do — doctor

do [ドゥ də／(強くいうとき) ドゥー dúː] 助 三単 does 過去 did 現分 doing

❶ (☆疑問文・否定文をつくる)

Do you like sports?
[ドゥ ユー ライク スポーツ]

— **Yes, I do.**
[イェス アイドゥー]

(きみはスポーツは好き？ — うん, 好きだよ.)

I do not like cats.
[アイ ドゥ ノット ライク キャッツ]

— **Really? I love them!**
[リーアリィ アイ ラヴ ゼム]

(ぼく, ねこがきらいなんだ.
 — ほんとう？ わたしは大好きよ！)

❷ (☆同じ動詞をくりかえすかわりにつかう)

Do you have a camera?
[ドゥ ユー ハヴ ア キャメラ]

— **Yes, I do.**
[イェス アイドゥー]

(カメラをもってる？ — うん, もってるよ.)

— 動 三単 does 過去 did 現分 doing

〜をする

What did you do yesterday? — I played tennis.
[ホワット ディド ユー ドゥー イェスタディ アイ プレイド テニス]

(きのうはなにをした？ — テニスをしたの.)

doctor [ドクタァ dáktər] 名 複数 doctors

医者

He is a good doctor.
[ヒー イズ ア グッド ドクタァ]

(彼はよい医者です.)

does [ダズ dəz／(強くいうとき) ダズ dʌ́z] 助 do の三人称単数現在形

❶ (☆疑問文・否定文をつくる)

Does Mary speak Japanese?
[ダズ　メアリィ　スピーク　ジャパニーズ]

— No, she **doesn't**.
[ノウ　シー　ダズント]

(メアリーは日本語を話す？
— いや，話さないよ．)

❷ (☆同じ動詞をくりかえすかわりにつかう)

Who plays the guitar? — Bob **does**.
[フー　プレイズ　ザ　ギター　　ボブ　ダズ]

(だれがギターをひくの？ — ボブよ．)

— 動 do (〜をする) の三人称単数現在形

〜をする

He **does** his homework after supper.
[ヒー　ダズ　ヒズ　ホウムワーク　アフタァ　サパァ]

(彼は晩ごはんのあとで宿題をする．)

doesn't [ダズント dʌ́znt] does not の短縮形

dog [ドーグ dɔ́ːg] 名 複数 dogs

犬

Do you have any pets?
[ドゥ　ユー　ハヴ　エニィ　ペッツ]

— Yes. I have two **dogs**.
[イェス　アイ　ハヴ　トゥー　ドーグズ]

(あなたはなにかペットを飼ってる？
— うん．犬を2ひき飼ってるよ．)

doll—door

doll [ドル dál] 名 複数 dolls
人形

How many dolls do you have?
[ハウ メニィ ドルズ ドゥ ユー ハヴ]
— I have five dolls.
[アイ ハヴ ファイヴ ドルズ]
(きみはいくつ人形をもってる？
—— 5つもってるわ．)

dollar [ドラァ dálər] 名 複数 dollars
ドル（☆アメリカ・カナダ・オーストラリアなどで用いられるお金の単位の1つ）

How much is this cup?
[ハウ マッチ イズ ズィス カップ]
— Eight dollars.
[エイト ドラァズ]
(このカップはいくらですか？
—— 8ドルです．)

dolphin [ドルフィン dálfin] 名 複数 dolphins
いるか

don't [ドウント dóunt] do not の短縮形

door [ドーァ dɔ́ːr] 名 複数 doors
ドア，戸

Can you open the door?
[キャン ユー オウプン ザ ドーァ]
— Sure.
[シュア]
(ドアをあけてくれる？ —— うん．)

doughnut—draw

doughnut [ドウナット dóunʌt] 名 (複数) doughnuts

ドーナツ（☆donut ともつづる）

How about some doughnuts?
[ハウ アバウト サム ドウナッツ]
— Yes, please.
[イェス プリーズ]
（ドーナツはいかが？ —— はい、おねがいします．）

down [ダウン dáun] 副

下へ，下に （対）up（上へ）

Please sit down. — Thanks.
[プリーズ スィット ダウン サンクス]
（どうぞ，すわってください．—— ありがとう．）

downstairs [ダウンステアズ dáunstéərz] 副

階下へ，階下に （対）upstairs（階上へ）

Where is the bathroom? — It's downstairs.
[ホウェア イズ ザ バスルーム イッツ ダウンステアズ]
（トイレはどこ？ —— 下の階だよ．）

draw [ドゥロー drɔ́ː] 動 (三単) draws (過去) drew (現分) drawing

〜をひく，〜をえがく（☆えんぴつやペンで線や絵をかくときにつかう）

Please draw a map to your house.
[プリーズ ドゥロー ア マップ トゥ ユア ハウス]
— OK.
[オウケイ]
（あなたの家までの地図をかいてください．
—— わかりました．）

dream — drive

dream [ドゥリーム dríːm] 名 複数 dreams
夢

What's your dream? — My dream is to be a singer.
[ホワッツ ユア ドゥリーム マイ ドゥリーム イズ トゥ ビー ア スィンガァ]
(きみの夢はなに？ — わたしの夢は歌手になることよ．)

dress [ドゥレス drés] 名 複数 dresses
服, ドレス

Whose dress is this?
[フーズ ドゥレス イズ ズィス]
— It's Lucy's.
[イッツ ルースィズ]
(これはだれの服？ — ルーシーのだよ．)

drink [ドゥリンク dríŋk] 動 三単 drinks 過去 drank 現分 drinking
〜を飲む

Let's drink something. — Yes, let's.
[レッツ ドゥリンク サムスィング イェス レッツ]
(なにか飲もうよ． — うん，そうしよう．)

— 名 複数 drinks

飲みもの, (飲みものの) 1ぱい

drive [ドゥライヴ dráiv] 動 三単 drives 過去 drove 現分 driving
〜を運転する

Does your mother drive a car?
[ダズ ユア マザァ ドゥライヴ ア カー]
— Yes, she does.
[イェス シー ダズ]
(きみのお母さんは車を運転する？
— うん，するよ．)

driver [ドゥライヴァ dráivər] 名 複数 drivers

運転する人, 運転手

What do you do?
[ホワット ドゥ ユー ドゥー]
— I am a taxi driver.
[アイ アム ア タクスィ ドゥライヴァ]
(あなたはなんの仕事をしていますか？
— わたしはタクシーの運転手です.)

dry [ドゥライ drái] 形

かわいた, 乾燥した 対 wet (しめった)

Give me a dry towel.
[ギヴ ミー ア ドゥライ タウエル]
— Here it is.
[ヒア イット イズ]
(かわいたタオルをちょうだい. — はい, どうぞ.)

duck [ダック dʌ́k] 名 複数 ducks

あひる, かも

What is that? — It's a duck.
[ホワット イズ ザット　　イッツ ア ダック]
(あれはなに？ — あひるだよ.)

during [デュアリング djúəriŋ] 前

〜の間ずっと, 〜の間に

What will you do during the winter vacation?
[ホワット ウィル ユー ドゥー デュアリング ザ ウィンタァ ヴェイケイション]
— I will go skiing.
[アイ ウィル ゴウ スキーイング]
(冬休みの間はなにをするの？ — スキーに行くんだ.)

ear—earth

E e
[イー íː]

A B C D **E** F G H I J K L M N O P Q R S T U V W X Y Z
a b c d **e** f g h i j k l m n o p q r s t u v w x y z

ear [イア íər] 名 複数 ears
耳

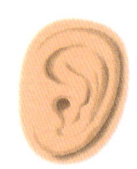

early [アーリィ ə́ːrli] 副 比較 earlier 最上 earliest
早く 対late（おそく）
Go to bed early tonight.
[ゴウ トゥ ベッド アーリィ トゥナイト]
— OK, Dad.
[オウケイ ダッド]
（今夜は早く寝なさい．
—— はい，お父さん．）

earth [アース ə́ːrθ] 名
地球（☆ふつう the をつける）
The moon goes around the earth.
[ザ ムーン ゴウズ アラウンド ズィ アース]
（月は地球のまわりをまわっています．）

east [イースト íːst] 名

東（☆ふつう the をつける）対 west（西）

Look! That's the east.
[ルック　ザッツ　ズィ　イースト]
(見て！ あっちが東よ.)

easy [イーズィ íːzi] 形 比較 easier 最上 easiest

かんたんな, やさしい　対 difficult（むずかしい）

How was the test?
[ハウ　ワズ　ザ　テスト]
— It was easy.
　[イット　ワズ　イーズィ]
(テストはどうだった？
　— かんたんだったよ.)

eat [イート íːt] 動 三単 eats 過去 ate 現分 eating

〜を食べる

Let's eat lunch. — OK.
[レッツ　イート　ランチ　オウケイ]
(お昼ごはんにしましょう. — うん.)

egg [エッグ ég] 名 複数 eggs

たまご

Do you like fried eggs?
[ドゥ　ユー　ライク　フライド　エッグズ]
— Yes, I do.
　[イェス　アイドゥー]
(目玉焼きは好き？ — うん, 好きだよ.)

eight [エイト éit] 名

8, 8時

── 形

8の, 8才で

How old is your brother?
[ハウ オウルド イズ ユア ブラザァ]

── He is eight.
[ヒー イズ エイト]
(きみの弟は何才? ── 8才よ.)

eighteen [エイティーン èitíːn]

── 名 18   ── 形 18の, 18才で

eighth [エイトゥス éitθ] 形

8番目の

August is the eighth month of the year.
[オーガスト イズ ズィ エイトゥス マンス オヴ ザ イア]
(8月は1年のうちの8番目の月です.)

── 名

(月の) 8日, 8番目

eighty [エイティ éiti]

── 名 80   ── 形 80の, 80才で

either [イーザァ íːðər] 形

どちらかの

You can eat either cake.
[ユー キャン イート イーザァ ケイク]

— This one, please.
[ズィス ワン プリーズ]

(どちらかのケーキを食べていいわよ. — こっちをちょうだい.)

— 副

〜もまた(…ない) (☆否定をあらわす文で)

I don't like coffee.
[アイ ドゥント ライク コーフィ]

— I don't like it, either.
[アイ ドゥント ライクイット イーザァ]

(ぼくはコーヒーは好きじゃないんだ. — わたしも好きじゃないわ.)

elephant [エレファント éləfənt] 名 複数 elephants

ぞう

What animal has a long nose?
[ホワット アニマル ハズ ア ローング ノウズ]

— An elephant!
[アン エレファント]

(鼻の長い動物はなに? — ぞう!)

eleven [イレヴン ilévn] 名

11, 11時

Go to bed. It's eleven! — All right.
[ゴウ トゥ ベッド イッツ イレヴン オール ライト]

(寝なさい. 11時よ! — わかった.)

— 形

11の, 11才で

eleventh [イレヴンス ilévnθ] 形

11番目の

My father's office is on the eleventh floor.
[マイ ファーザァズ オーフィス イズ オン ズィ イレヴンス フローァ]
(父の会社は11階にあります.)

―名

(月の)11日, 11番目

else [エルス éls] 副

ほかに (☆ふつう some-, any-, no- などのつく語や疑問詞のあとに用いる)

I want a hamburger and a cola.
[アイ ワント ア ハンバーガァ アンド ア コウラ]
— Anything else?
[エニィスィング エルス]
(ぼくはハンバーガーとコーラがほしいです.
― ほかには?)

e-mail [イーメイル íːmeil] 動 三単 e-mails 過去 e-mailed 現分 e-mailing

~にEメールを送る

Please e-mail me.
[プリーズ イーメイル ミー]
— OK, I will.
[オウケイ アイウィル]
(Eメールを送ってね. ― うん, 送るよ.)

―名 複数 e-mails

Eメール, 電子メール

end [エンド énd] 名

終わり, 最後

Do you know the end of the story?
[ドゥ ユー ノウ ズィ エンド オヴ ザ ストーリィ]
— No, I don't.
[ノウ アイ ドゥント]
(きみはこの物語の最後を知ってる？—— ううん, 知らない.)

England [イングランド íŋglənd] 名

イングランド(☆イギリス南部の地方の名称)

English [イングリッシュ íŋgliʃ] 名

英語

Do you speak English? — A little.
[ドゥ ユー スピーク イングリッシュ ア リトゥル]
(あなたは英語を話しますか？—— 少しなら.)

— 形

英語の, イングランドの

I'm reading an English book.
[アイム リーディング アン イングリッシュ ブック]
(わたしは英語の本を読んでいます.)

enjoy [インジョイ indʒɔ́i] 動 三単 enjoys 過去 enjoyed 現分 enjoying
[インジョイズ インジョイド インジョイイング]

～を楽しむ

Enjoy your vacation.
[インジョイ ユア ヴェイケイション]
— Thanks.
[サンクス]
(休暇を楽しんでね.—— ありがとう.)

enough [イナフ inʌ́f] 形

じゅうぶんな

I don't have enough time.
[アイ ドウント ハヴ イナフ タイム]
(わたしにはじゅうぶんな時間がありません.)

──副

じゅうぶんに

eraser [イレイサァ iréisər] 名 複数 erasers
（イレイサァズ）

消しゴム

Can I borrow your eraser?
[キャン アイ ボロウ ユア イレイサァ]
── Sure. Here you are.
[シュア ヒア ユー アー]
(きみの消しゴムを借りてもいい？
── ええ．どうぞ．)

Europe [ユアロップ júərəp] 名

ヨーロッパ

He traveled around Europe last summer.
[ヒー トゥラヴェルド アラウンド ユアロップ ラスト サマァ]
(この前の夏，彼はヨーロッパを旅してまわりました．)

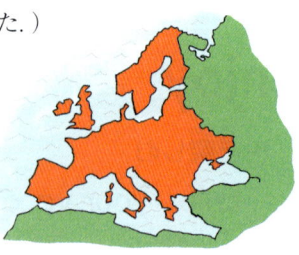

evening [イーヴニング íːvniŋ] 名

夕方, 晩 (☆ふつう日没から寝るまでをさす)

Can I call you this evening?
[キャン アイ コール ユー ズィス イーヴニング]

— Sure.
[シュア]
(今晩電話してもいい？ — いいわよ.)

★**Good evening.** こんばんは

Good evening, Mr. Suzuki.
[グッド イーヴニング ミスタァ スズキ]

— Good evening, Bob.
[グッド イーヴニング ボブ]
(こんばんは, 鈴木さん.
— こんばんは, ボブ.)

★**in the evening** 夕方, 夕方に, 晩, 晩に

I go to Kumon in the evening.
[アイ ゴウ トゥ クモン イン ズィ イーヴニング]
(ぼくは夕方に公文に行きます.)

every [エヴリィ évri] 形

❶ あらゆる〜, どの〜もみな

Every student knows her.
[エヴリィ ステューデント ノウズ ハー]
(どの生徒も彼女を知っています.)

❷ 毎〜, 〜ごとに

When do you play tennis?
[ホウェン ドゥ ユー プレイ テニス]

— Every Sunday.
[エヴリィ サンデイ]
(きみはいつテニスをするの？ — 毎週日曜日よ.)

everyone [エヴリィワン évriwÀn] 代

だれでも，みんな

Good morning, Mr. White.
[グッド　モーニング　ミスタァ　ホワイト]
— Hello, everyone.
[ヘロウ　エヴリィワン]
(おはようございます，ホワイト先生．
—— やあ，みんな．)

everything [エヴリィスィング évriθìŋ] 代

すべて，なにもかも

Do you have everything? — Yes, I do.
[ドゥ　ユー　ハヴ　エヴリィスィング　イェス　アイ　ドゥー]
(ぜんぶもった？ —— うん，もったよ．)

exciting [イクサイティング iksáitiŋ] 形

わくわくするような，興奮するような

How was the movie?
[ハウ　ワズ　ザ　ムーヴィ]
— It was exciting!
[イット　ワズ　イクサイティング]
(その映画はどうだった？
—— わくわくしたわ！)

excuse [イクスキューズ ikskjúːz] 動

(三単) excuses (過去) excused (現分) excusing

ゆるす

*Excuse me. 失礼します，すみません

Excuse me. Can you open the door? — Sure.
[イクスキューズ ミー　キャン　ユー　オウプン　ザ　ドーア　　　　シュア]
(すみません．ドアをあけてくれますか．── いいですよ．)

eye [アイ ái] 名 (複数) eyes

目

Open your eyes.
[オウプン　ユア　アイズ]
(目をあけて．)

face—fall²

F f
[エフ éf]

A B C D E **F** G H I J K L M N O P Q R S T U V W X Y Z
a b c d e **f** g h i j k l m n o p q r s t u v w x y z

face [フェイス féis] 名 複数 faces (フェイスィズ)

顔

Wash your face. — All right.
[ワッシュ ユア フェイス オール ライト]
(顔をあらいなさい. — わかった.)

fall¹ [フォール fɔ́:l] 動 三単 falls (フォールズ) 過去 fell (フェル) 現分 falling (フォーリング)

落ちる, ふる, たおれる, ころぶ

Look outside! Snow is falling.
[ルック アウトサイド スノウ イズ フォーリング]
(外を見て！ 雪がふってるよ.)

fall² [フォール fɔ́:l] 名

秋

What season do you like the best?
— I like fall the best.
[ホワット スィーズン ドゥ ユー ライク ザ ベスト
アイ ライク フォール ザ ベスト]
(どの季節がいちばん好き？
— ぼくは秋がいちばん好きだな.)

family [ファミリィ fǽməli] 名 (複数) families

家族

How is your family? — They're all fine, thank you.
[ハウ イズ ユア ファミリィ　　　ゼイア オール ファイン サンク ユー]
(ご家族はお元気ですか？ — みんな元気です，ありがとう．)

famous [フェイマス féiməs] 形

有名な

He is a famous scientist.
[ヒー イズ ア　フェイマス　サイエンティスト]
(彼は有名な科学者です．)

far [ファー fάːr] 副

遠くに，遠くへ

Where is the station?
[　ホウェア イズ ザ　ステイション　]

— It's far from here.
　　イッツ ファー フロム　ヒア　]
(駅はどこですか？ — ここからは遠いよ．)

farm [ファーム fάːrm] 名 (複数) farms

農場，牧場

My aunt and uncle live on a farm.
[マイ　アント アンド アンクル リヴ オン ア ファーム]
(わたしのおばさんとおじさんは農場に住んでいます．)

fast [ファスト fǽst] 副 比較 faster 最上 fastest

速(はや)く 対slowly（おそく）

Don't walk so fast.
[ドウント ウォーク ソウ ファスト]

— I'm sorry.
[アイム ソリィ]

(そんなに速く歩かないでよ．— ごめん．)

father [ファーザァ fáːðər] 名 複数 fathers

父(ちち) 対mother（母(はは)）

Who is that tall man?
[フー イズ ザット トール マン]

— That's Mike's father.
[ザッツ マイクス ファーザァ]

(あの背(せ)の高(たか)い男(おとこ)の人(ひと)はだれ？
— あれはマイクのお父(とう)さんだよ．)

favorite [フェイヴァリット féivərət] 形

お気(き)にいりの，いちばん好(す)きな

What is your favorite animal?
[ホワット イズ ユア フェイヴァリット アニマル]

— Lions.
[ライオンズ]

(きみの好(す)きな動物(どうぶつ)はなに？ — ライオンだよ．)

February [フェブルエリィ fébruèri] 名

2月(がつ) （☆Feb. と略(りゃく)す）

feel [フィール fíːl] 動 三単 feels 過去 felt 現分 feeling

感じる，〜な感じがする

I don't feel well today. — What's wrong?
[アイ ドゥント フィール ウェル トゥデイ　ホワッツ ローング]
(きょうは気分がよくないんだ. — どうしたの？)

feet [フィート fíːt] 名 foot (足,フィート) の複数形

festival [フェスティヴァル féstivəl] 名 複数 festivals

祭り，祭日，〜祭

Let's go to the Snow Festival tonight. — Sounds great.
[レッツ ゴウ トゥ ザ スノウ フェスティヴァル トゥナイト　サウンズ グレイト]
(今夜, 雪祭りに行こうよ. — いいわね.)

few [フュー fjúː] 形 比較 fewer 最上 fewest

❶ 少しの，少数の (☆a few 〜 の形でつかう)

Please wait a few minutes.
[プリーズ ウェイト ア フュー ミニッツ]
— All right.
[オール ライト]
(数分待ってね. — わかったわ.)

❷ ほとんどない (☆a をつけずに few 〜 の形でつかう)

I have few friends in Japan.
[アイ ハヴ フュー フレンズ イン ジャパン]
(わたしは日本にはほとんど友だちがいません.)

field — find

field [フィールド fíːld] 名 複数 fields

野原, 畑

We grow vegetables in the field.
[ウィー グロウ ヴェジタブルズ イン ザ フィールド]
(わたしたちは畑で野菜を栽培しています.)

fifteen [フィフティーン fiftíːn]

—名 15 —形 15の, 15才で

fifth [フィフス fífθ] 形

5番目の

What floor? — Fifth, please.
[ホワット フローァ フィフス プリーズ]
(何階? — 5階をおねがいします.)

—名

(月の)5日, 5番目

fifty [フィフティ fífti]

—名 50 —形 50の, 50才で

find [ファインド fáind] 動 三単 finds 過去 found 現分 finding

〜を見つける, さがしだす

Where did you find this key?
[ホウェア ディド ユー ファインド ズィス キー]
— Under the desk.
[アンダー ザ デスク]
(どこでこのかぎを見つけたの?
— つくえの下だよ.)

fine ［ファイン fáin］ 形

❶ 元気な

How are you?
[ハウ アー ユー]
— I'm fine, thank you.
[アイム ファイン サンク ユー]
(ごきげんいかがですか？ —— 元気だよ，ありがとう．)

❷ すばらしい，みごとな

She is a fine musician.
[シー イズ ア ファイン ミューズィシャン]
(彼女はすばらしいミュージシャンです．)

finger ［フィンガァ fíŋɡəɾ］ 名 複数 fingers

指（☆手の指）

She has long fingers.
[シー ハズ ローング フィンガァズ]
— Yes. She plays the piano.
[イェス シー プレイズ ザ ピアノウ]
(彼女は長い指をしているね．
—— うん．彼女，ピアノをひくんだ．)

finish ［フィニッシュ fíniʃ］ 動 三単 finishes 過去 finished 現分 finishing

～を終える，終わる

Finish your homework first.
[フィニッシュ ユア ホウムワーク ファースト]
— OK, Mom.
[オウケイ マム]
(まず宿題を終わらせなさい．
—— わかったよ，お母さん．)

fire — first

fire [ファイア fáiəァ] 名 複数 ファイアズ fires

火, 火事

Be careful. Fire is dangerous.
［ビー　ケアフル　ファイアイズ　デインジャラス］
(気をつけて. 火は危険だよ.)

first [ファースト fə́ːrst] 形

1番目の, 第1の, 最初の　対 last (最後の)

Is this your first visit to Japan?
［イズ　ズィス　ユア　ファースト ヴィズィットトゥ　ジャパン］
— Yes.
　　［イェス］
(今回があなたの最初の日本訪問ですか？
— はい.)

— 名

(月の)1日, 1番目, 最初

His birthday is January the first!
［ヒズ　バースデイ　イズ　ジャニュエリィ　ザ　ファースト］
(彼の誕生日は1月1日なんだ！)

— 副

最初に, まず　対 last (最後に)

Who arrived first? — Bob did.
［　フー　アライヴド　ファースト　　ボブ　ディド］
(だれが最初に着いたの？ — ボブだよ.)

fish — flag

fish [フィッシュ fíʃ] 名 (複数)fish, (種類が複数のとき) fishes

魚, 魚肉

Fish or meat? — Fish, please.
[フィッシュ オーア ミート　フィッシュ　プリーズ]
(魚にしますか, それとも肉にしますか？ — 魚をおねがいします.)

— 動 (三単) fishes (過去) fished (現分) fishing

釣りをする

Let's go fishing next Sunday.
[レッツ ゴウ フィシング ネクスト サンデイ]

— Sounds good.
[サウンズ グッド]
(こんどの日曜日に釣りに行こうよ. — いいね.)

five [ファイヴ fáiv] 名

5, 5時

— 形

5の, 5才で

How many glasses do you need?
[ハウ メニィ グラスィズ ドゥ ユー ニード]

— Five glasses.
[ファイヴ グラスィズ]
(コップはいくつ必要？ — 5つよ.)

flag [フラッグ flǽg] 名 (複数) flags

旗

Which is the national flag of Japan?
[ホウィッチ イズ ザ ナショナル フラッグ オヴ ジャパン]

— That one.
[ザット ワン]
(どれが日本の国旗？ — あれだよ.)

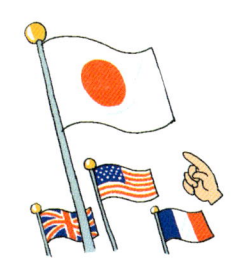

floor — flower

floor [フローァ flɔ́ːr] 名 (複数) floors

❶ 床

Where is my toy?
[ホウェア イズ マイ トイ]
— It's on the floor.
[イッツ オン ザ フローァ]
(ぼくのおもちゃはどこ？ ── 床の上よ．)

❷ ～階

My room is on the second floor.
[マイ ルーム イズ オン ザ セカンド フローァ]
(ぼくの部屋は2階にあるんだ．)

flour [フラウア fláuər] 名

小麦粉

How much flour do you need?
[ハウ マッチ フラウア ドゥ ユー ニード]
— Two cups, please.
[トゥー カップス プリーズ]
(小麦粉はどれくらい必要？
── カップ2はい，おねがい．)

flower [フラウア fláuər] 名 (複数) flowers

花

Look at those flowers!
[ルック アット ゾウズ フラウアズ]
— Wow! Beautiful.
[ワウ ビューティフル]
(あの花を見て！
── わあ！ きれいだね．)

flute

[フルート flúːt] 名 複数 flutes

フルート，横笛

Who plays the flute? — Lucy does.
[フー プレイズ ザ フルート　ルースィ ダズ]
（だれがフルートをふくの？── ルーシーだよ．）

fly

[フライ flái] 動 三単 flies 過去 flew 現分 flying

飛ぶ，飛行機で行く

Can ducks fly? — I don't know.
[キャン ダックス フライ　アイ ドゥント ノウ]
（あひるは飛べるの？── 知らないよ．）

food

[フード fúːd] 名 複数 foods（種類が複数のとき）

食べもの

Do you like Japanese food?
[ドゥ ユー ライク ジャパニーズ フード]

— Yes, very much.
[イェス ヴェリィ マッチ]
（日本の食べものは好き？── ええ，とても．）

foot

[フット fút] 名 複数 feet

❶ 足（☆足首から下をさす）

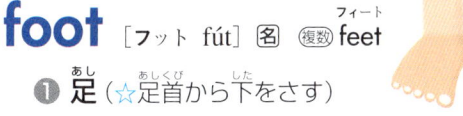

Can you stand on one foot? — Yes. It's easy.
[キャン ユー スタンド オン ワン フット　イェス イッツ イーズィ]
（1本の足で立てる？── うん．そんなのかんたんだよ．）

❷ フィート（☆長さの単位．1フィートは約30cm）

How tall is Bob? — He is five feet tall.
[ハウ トール イズ ボブ　ヒー イズ ファイヴ フィート トール]
（ボブの身長はどのくらい？── 彼は5フィートだよ．）

for — fork

for [フォア fər／(強くいうとき) フォーァ fɔ́ːr] 前

❶ ～のために，～のための，～を求めて

This is a present for you.
[ズィス イズ ア プレゼント フォァ ユー]
— Thank you.
[サンク ユー]
(これはあなたへのプレゼントよ．
── ありがとう．)

❷ ～の間（☆時間・距離をあらわす）

We stayed in New York for a week.
[ウィー ステイド イン ニュー ヨーク フォァ ア ウィーク]
(わたしたち，ニューヨークに1週間滞在したの．)

forget [フォゲット fərgét] 動 三単 forgets 過去 forgot 現分 forgetting

～をわすれる 対 remember（～をおぼえている）

Don't forget your umbrella. — OK.
[ドウント フォゲット ユア アンブレラ オウケイ]
(かさをわすれないでね． ── うん．)

fork [フォーク fɔ́ːrk] 名 複数 forks

フォーク

Give me a fork. — Here it is.
[ギヴ ミー ア フォーク ヒア イット イズ]
(フォークをちょうだい． ── はい，どうぞ．)

forty [フォーティ fɔ́ːrti] 名

40（☆つづりに注意）

— 形

40の，40才で

My father is forty years old.
[マイ ファーザァ イズ フォーティ イアズ オウルド]
（ぼくのお父さんは40才です．）

four [フォーァ fɔ́ːr] 名

4，4時

Come to my house at four. — OK.
[カム トゥ マイ ハウス アット フォーァ　　オウケイ]
（4時にうちにおいでよ． — わかった．）

— 形

4の，4才で

fourteen [フォーティーン fɔ̀ːrtíːn]

— 名 14 　— 形 14の，14才で

fourth [フォース fɔ́ːrθ] 形

4番目の

Today is my brother's fourth birthday.
[トゥデイ イズ マイ ブラザァズ フォース バースデイ]
（きょうは弟の4回目の誕生日なの．）

— 名

（月の）4日，4番目

fox — French

fox ［フォックス fáks］名 複数 foxes
きつね

France ［フランス frǽns］名
フランス

Where are you from? — I'm from France.
［ホウェア アー ユー フロム アイム フロム フランス］
(あなたはどちらの出身ですか？ — フランスの出身です．)

free ［フリー fríː］形

❶ 自由な

We live in a free country.
［ウィー リヴ イン ア フリー カントゥリィ］
(わたしたちは自由な国に住んでいます．)

❷ ひまな　対 busy (いそがしい)

Are you free this afternoon? — Yes, I am.
［アー ユー フリー ズィス アフタヌーン イェス アイ アム］
(きょうの午後はひま？ — うん，ひまだよ．)

French ［フレンチ frént∫］名
フランス語

Does anyone speak French? — I do.
［ダズ エニィワン スピーク フレンチ アイ ドゥー］
(だれかフランス語を話しますか？ — わたしが話します．)

— 形
フランスの，フランス人の

Is she French? — Yes, she is.
［イズ シー フレンチ イェス シー イズ］
(彼女はフランス人？ — うん，そうだよ．)

fresh [フレッシュ fréʃ] 形

新鮮な，できたての，さわやかな

Is this salad fresh?
[イズ ズィス サラッド フレッシュ]

— Yes, it is.
[イェス イットイズ]

(このサラダはできたて？
── ええ，そうよ．)

Friday [フライデイ fráidei] 名 複数 Fridays

金曜日 (☆Fri. と略す)

What day is the soccer game?
[ホワット デイ イズ ザ サカァ ゲイム]

— It's Friday.
[イッツ フライデイ]

(サッカーの試合は何曜日？ ── 金曜日だよ．)

fridge [フリッジ frídʒ] 名 複数 fridges

冷蔵庫 (☆refrigerator を短くした言いかた)

Where is the cake?
[ホウェア イズ ザ ケイク]

— It's in the fridge.
[イッツ イン ザ フリッジ]

(ケーキはどこ？ ── 冷蔵庫の中よ．)

fried [フライド fráid] 形

油でいためた，油であげた

Do you like fried chicken? — Yes, I do.
[ドゥ ユー ライク フライド チキン イェス アイドゥー]

(フライドチキンは好き？ ── うん，好きだよ．)

friend — from

friend [フレンド frénd] 名 複数 friends
友だち，友人

Yumi and Bob are good friends.
[ユミ アンド ボブ アー グッド フレンズ]
(ユミとボブは仲よしです．)

friendly [フレンドリィ fréndli] 形
親しい，人なつっこい

This dog is very friendly.
[ズィス ドーグ イズ ヴェリィ フレンドリィ]
(この犬はとても人なつっこい．)

frog [フローグ frɔ́ːg] 名 複数 frogs
かえる

from [フロム frəm／(強くいうとき) フロム frám] 前

❶ 〜から (☆場所)

You can see Mt. Fuji from that window.
[ユー キャン スィー マウント フジ フロム ザット ウィンドウ]
(あの窓から富士山が見えるよ．)

❷ 〜から (☆時間)

My father works from nine to five.
[マイ ファーザァ ワークス フロム ナイン トゥ ファイヴ]
(わたしのお父さんは9時から5時まではたらいています．)

❸ 〜の出身で

Where are you from?
[ホウェア アー ユー フロム]

— I'm from Tokyo.
[アイム フロム トーキョー]
(あなたはどこの出身？ —— 東京の出身だよ．)

front [フラント fránt] 名

前, 正面

★**in front of ~**　~のすぐ前に, ~のすぐ前の

Where is your bike?
[ホウェア　イズ　ユア　バイク]
— In front of my house.
[イン　フラント　オヴ　マイ　ハウス]
(きみの自転車はどこ？
 — 家のすぐ前だよ.)

fruit [フルート frúːt] 名 　複数 fruits (種類が複数のとき)

くだもの

What fruit do you like the best?
[ホワット　フルート　ドゥ　ユー　ライク　ザ　ベスト]
— Strawberries.
[ストゥローベリィズ]
(どのくだものがいちばん好き？ — いちごよ.)

full [フル fúl] 形

いっぱいの, 満腹の

How about some cake? — No, thanks. I'm full.
[ハウ　アバウト　サム　ケイク　　ノウ　サンクス　アイム　フル]
(ケーキはいかが？ — もうだめ. おなかがいっぱい.)

fun ［ファン fˊʌn］ 名

楽しみ，おもしろいこと

Have fun. — You, too.
［ハヴ　ファン　　　ユー　トゥー］
（楽しんできてね．— あなたもね．）

funny ［ファニィ fˊʌni］ 形 比較 funnier 最上 funniest

おかしな，こっけいな，変な

My father often tells funny stories.
［マイ　ファーザァ　オーフン　テルズ　ファニィ　ストーリィズ］
（ぼくのお父さんはよくおもしろい話をしてくれるんだ．）

Gg

[ジー dʒíː]

A B C D E F **G** H I J K L M N O P Q R S T U V W X Y Z
a b c d e f **g** h i j k l m n o p q r s t u v w x y z

game [ゲイム géim] 名 (複数) games ゲイムズ

❶ ゲーム

Let's play a video game.
[レッツ　プレイ　ア　ヴィディオウ　ゲイム]

— Sounds good.
　　サウンズ　　グッド]

(テレビゲームで遊ぼうよ．—— いいね．)

❷ 試合

What day is the baseball game?
[ホワット　デイ　イズ　ザ　　ベイスボール　　ゲイム]

— It's Sunday.
　　イッツ　サンデイ]

(野球の試合は何曜日？ —— 日曜日だよ．)

garage [ガラージュ gərάːʒ] 名 (複数) garages ガラージズ

車庫, ガレージ

Where is Dad?
[　ホウェア　イズ　ダッド]

— He's in the garage.
　　ヒーズ　イン　ザ　　ガラージュ]

(お父さんはどこ？ —— 車庫にいるわよ．)

garden [ガードゥン gáːrdn] 名 複数 gardens

庭(☆草花を植えてあるような庭をさす)

The garden is full of flowers.
[ザ ガードゥン イズ フル オヴ フラウアズ]
(庭は花でいっぱいです.)

gate [ゲイト géit] 名 複数 gates

門, 出入り口

Can you close the gate? — Sure.
[キャン ユー クロウズ ザ ゲイト シュア]
(門をしめてもらえる? — はい.)

German [ジャーマン dʒə́ːrmən] 名 複数 Germans

ドイツ語, ドイツ人

— 形

ドイツの, ドイツ人の

He is a German soccer player.
[ヒー イズ ア ジャーマン サカァ プレイア]
(彼はドイツのサッカー選手だよ.)

Germany [ジャーマニィ dʒə́ːrməni] 名

ドイツ

Where is your father?
[ホウェア イズ ユア ファーザァ]

— He is in Germany now.
[ヒー イズ イン ジャーマニィ ナウ]
(きみのお父さん, どこにいるの?
— いまドイツにいるよ.)

get [ゲット gét] 動 (三単) gets (過去) got (現分) getting

❶ ～を手に入れる，もらう，買う
Yumi gets a lot of presents on her birthday.
［ユミ　ゲッツ　ア ロット オヴ　プレゼンツ　オン　ハー　バースデイ］
(ユミは誕生日にたくさんのプレゼントをもらいます.)

❷ ～になる
It will get dark soon. — Let's go home.
［イット ウィル ゲット ダーク スーン　レッツ ゴウ ホウム］
(もうすぐ暗くなるよ． — 家に帰ろう．)

❸ 着く，行く
How do you get there? — By bus.
［ハウ　ドゥ　ユー　ゲット　ゼア　バイ　バス］
(どうやってそこに行くの？ — バスでだよ．)

★get off (乗り物から) おりる
We will get off at the next stop. — OK.
［ウィー　ウィル　ゲット　オーフ　アット　ザ　ネクスト　ストップ　オウケイ］
(次の駅でおりますよ． — はい．)

★get on (乗り物に) 乗る
Get on that bus. — That blue one?
［ゲット　オン　ザット　バス　ザット　ブルー　ワン］
(あのバスに乗りなさい． — あの青いの？)

★get up 起きる
What time do you get up? — At six thirty.
［ホワット　タイム　ドゥ　ユー　ゲット　アップ　アット スィックス サーティ］
(きみは何時に起きるの？ — 6時半だよ．)

gift ［ギフト gíft］名 複数 gifts

おくり物

This is a gift for you.
［ズィス イズ ア ギフト フォア ユー］
— Wow! Thanks a lot.
［ワウ サンクス ア ロット］
(これ，きみへのプレゼント．
— わあ！どうもありがとう．)

giraffe ［ジラフ dʒirǽf］名 複数 giraffes

きりん

girl ［ガール gə́ːrl］名 複数 girls

女の子，少女 対 boy（男の子）

Who is that girl?
［フー イズ ザット ガール］
— That's my sister.
［ザッツ マイ スィスタァ］
(あの女の子はだれ？
— あれはぼくの姉さんだよ．)

give ［ギヴ gív］動 三単 gives 過去 gave 現分 giving

あたえる，あげる

I will give you this book.
［アイ ウィル ギヴ ユー ズィス ブック］
(この本をあなたにあげるわ．)

glad [グラッド glǽd] 形

うれしい

This pizza is delicious! — Really? I'm glad.
[ズィス ピーツァ イズ ディリシャス　リーアリィ　アイム グラッド]
(このピザ，おいしい！ — ほんとう？うれしいわ．)

glass [グラス glǽs] 名 複数 glasses

❶ ガラス

❷ コップ，グラス，コップ1ぱいの量

A glass of orange juice, please. — Here you are.
[ア　グラス　オヴ　オーレンジ　ジュース　プリーズ　　ヒア　ユー　アー]
(オレンジジュースを1ぱいください． — はい，どうぞ．)

glasses [グラスィズ glǽsiz] 名

めがね (☆複数形でつかう)

My father always wears glasses.
[マイ　ファーザァ　オールウェイズ　ウェアズ　グラスィズ]
(ぼくのお父さんはいつもめがねをかけています．)

glove [グラヴ glʌ́v] 名 複数 gloves

❶ 手ぶくろ (☆ふつう gloves の形でつかう)

Put on your gloves. It's cold outside.
[プット オン　ユア　グラヴズ　イッツ コウルド　アウトサイド]
— All right.
[オール　ライト]
(手ぶくろをしなさい．外は寒いわよ． — はい．)

❷ グローブ (☆野球・ボクシングなどの)

go — golf

go [ゴウ góu] 動 三単 goes 過去 went 現分 going

行く，すすむ

Where did you go yesterday? — I went to Shibuya.
[ホウェア ディド ユー ゴウ イェスタデイ　アイ ウェント トゥ シブヤ]
(きのうはどこへ行ったの？ — 渋谷に行ったの．)

*****be going to ～**　～するつもりだ，～するところだ

I'm going to visit Kyoto this fall.
[アイム ゴウイング トゥ ヴィズィット キョート ズィスフォール]
(わたしはこの秋に京都を訪れるつもりです．)

*****go ～ing**　～しに行く

Let's go swimming. — Good idea.
[レッツ ゴウ スウィミング　グッド アイディーア]
(泳ぎに行こうよ．— いいね．)

*****go back**　もどる，帰る

Go back to your seat. — All right.
[ゴウ バック トゥ ユア スィート　オール ライト]
(席にもどりなさい．— はい．)

*****go out**　外へ出る，出かける

Let's go out for dinner. — Sounds good.
[レッツ ゴウ アウト フォア ディナァ　サウンズ グッド]
(晩ごはんを食べに出かけよう．— そうしましょう．)

golf [ゴルフ gálf] 名

ゴルフ

My father plays golf.
[マイ ファーザァ プレイズ ゴルフ]
(わたしのお父さんはゴルフをします．)

good [グッド gúd] 形 比較 better 最上 best

よい

Bob is a good student.
[ボブ イズ ア グッド ステューデント]
(ボブはよい生徒です.)

★**be good at 〜**　〜がとくいである, じょうずである

Yumi is good at cooking.
[ユミ イズ グッド アット クキング]
(ユミは料理がじょうずです.)

good-bye [グッドバイ gùdbái] 間

さようなら

Good-bye. — Bye.
[グッドバイ　バイ]
(さようなら. — さよなら.)

gorilla [ゴリラ gərílə] 名 複数 gorillas

ゴリラ

That gorilla looks hungry.
[ザット ゴリラ ルックス ハングリィ]
(あのゴリラ, おなかがすいてるみたいね.)

grade [グレイド gréid] 名 複数 grades

学年

What grade are you in? — I'm in third grade.
[ホワット グレイド アー ユー イン　アイム イン サード グレイド]
(あなたは何年生？ — 3年生です.)

メモ「3年生です」は I'm in the third grade. のように, third の前に the をつけていうこともあります.

grandfather

grandfather [グランファーザァ grǽnfɑ̀ːðər] 名 複数 grandfathers

祖父, おじいさん 対 grandmother（祖母）

My grandfather was a math teacher.
[マイ グランファーザァ ワズ ア マス ティーチャァ]
（ぼくのおじいちゃんは数学の先生だったんだ.）

grandma [グランマー grǽnmɑ̀ː] 名 複数 grandmas

おばあちゃん 対 grandpa（おじいちゃん）

Hi, Grandma!
[ハイ グランマー]
— Hello, Ken.
[ヘロウ ケン]
（こんにちは, おばあちゃん！ — こんにちは, ケン.）

grandmother [グランマザァ grǽnmʌ̀ðər] 名 複数 grandmothers

祖母, おばあさん 対 grandfather（祖父）

How old is your grandmother?
[ハウ オウルドイズ ユア グランマザァ]
— She is sixty.
[シー イズ スィクスティ]
（きみのおばあちゃんは何才？ — 60才だよ.）

grandpa [グランパー grǽnpɑ̀ː] 名 複数 grandpas

おじいちゃん 対 grandma（おばあちゃん）

Who's this?
[フーズ ズィス]
— That's my grandpa.
[ザッツ マイ グランパー]
（これはだれ？ — ぼくのおじいちゃんだよ.）

grape [グレイプ gréip] 名 複数 grapes

ぶどう

These grapes are sweet.
[ズィーズ　グレイプス　アー　スウィート]
(このぶどうはあまいね.)

メモ a grape はブドウの1つぶをさすので, ふつうは複数形をつかいます.

grapefruit [グレイプフルート gréipfrùːt] 名 複数 grapefruits

グレープフルーツ

What juice do you want? — I want grapefruit juice.
[ホワット　ジュース　ドゥ　ユー　ワント　　アイ　ワント　グレイプフルート　ジュース]
(なんのジュースがいい？ ── わたしはグレープフルーツジュースがいい.)

grass [グラス grǽs] 名

草, 牧草, しばふ

Look at that green grass.
[ルック　アット　ザット　グリーン　グラス]
— It's beautiful.
[イッツ　ビューティフル]
(あの緑のしばふを見て. ── きれいね.)

gray [グレイ gréi] 名

灰色 (☆イギリスでは grey とつづる)

── 形

灰色の

What color is your coat? — It's gray.
[ホワット　カラァ　イズ　ユア　コウト　　イッツ　グレイ]
(きみのコートは何色？ ── 灰色だよ.)

great — ground

great [グレイト gréit] 形 比較 greater (グレイタァ) 最上 greatest (グレイテスト)

❶ 偉大な, 大きい

John is a great singer.
［ジョン イズ ア グレイト スィンガァ］
(ジョンは偉大な歌手です.)

❷ すばらしい, すごい

How was his concert?
［ ハウ ワズ ヒズ コンサァト ］

— It was great!
［ イット ワズ グレイト ］
(彼のコンサートはどうだった？ ── すごかったよ！)

green [グリーン gríːn] 名

緑色

What color do you like?
［ ホワット カラァ ドゥ ユー ライク ］

— I like green.
［ アイ ライク グリーン ］
(きみは何色が好き？ ── 緑色が好き.)

── 形

緑の, 青あおとした

ground [グラウンド gráund] 名 複数 grounds (グラウンズ)

地面, 運動場

Let's sit on the ground. — OK.
［ レッツ スィットオン ザ グラウンド オウケイ ］
(地面にすわりましょう. ── はい.)

grow [グロウ gróu] 動 三単 grows 過去 grew 現分 growing

育つ，成長する，〜を育てる，栽培する

What do you grow in this field? — Carrots.
[ホワット ドゥ ユー グロウ イン ズィス フィールド キャロッツ]
(この畑ではなにを栽培しているのですか？ — にんじんです．)

guitar [ギター gitá:r] 名 複数 guitars

ギター

Do you play the guitar? — Yes, I do.
[ドゥ ユー プレイ ザ ギター イェス アイドゥー]
(あなたはギターをひく？ — うん，ひくよ．)

gym [ジム dʒím] 名 複数 gyms

体育館 (☆gymnasium を短くした言いかた)

Where do you play basketball? — In the gym.
[ホウェア ドゥ ユー プレイ バスケットボール イン ザ ジム]
(どこでバスケットボールをするの？ — 体育館だよ．)

Hh

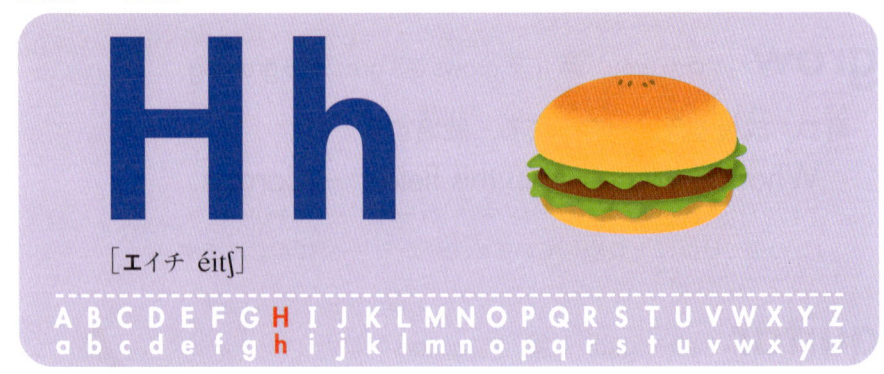

[エイチ éitʃ]

A B C D E F G **H** I J K L M N O P Q R S T U V W X Y Z
a b c d e f g **h** i j k l m n o p q r s t u v w x y z

hair [ヘア héər] 名

髪の毛, 毛

Lucy has short hair.
[ルースィ ハズ ショート ヘア]
(ルーシーは短い髪をしています.)

hall [ホール hɔ́ːl] 名 複数 halls

❶ 廊下

Don't run in the halls. — I'm sorry.
[ドウント ラン イン ザ ホールズ アイム ソリィ]
(廊下を走ってはいけません. — ごめんなさい.)

❷ 会館, ホール

❸ 玄関, ロビー

Halloween [ハロウィーン hælouíːn] 名

ハロウィーン（☆10月31日の夜におこなわれる祭り）

Let's have a Halloween party. — Good idea!
[レッツ ハヴ ア ハロウィーン パーティ グッド アイディーア]
（ハロウィーンのパーティーをしようよ. — いいね！）

メモ ハロウィーンの日の夕方になると，子どもたちは思い思いのすがたに変装して，家いえをまわってお菓子をねだります．

ham [ハム hǽm] 名

ハム

What's for lunch?
[ホワッツ フォァ ランチ]
— Ham sandwiches.
[ハム サンドウィッチズ]
（お昼ごはんはなに？
— ハムサンドよ．）

hamburger [ハンバーガァ hǽmbəːrgər] 名 複数 hamburgers (ハンバーガァズ)

ハンバーガー

May I help you?
[メイ アイ ヘルプ ユー]
— Two hamburgers, please.
[トゥー ハンバーガァズ プリーズ]
（いらっしゃいませ． — ハンバーガーを2つください．）

hamster [ハムスタァ hǽmstər] 名 複数 hamsters

ハムスター

Do you have any pets?
[ドゥ ユー ハヴ エニィ ペッツ]
— Yes. I have three hamsters.
[イェス アイ ハヴ スリー ハムスタァズ]
(あなたはペットを飼ってる？
— うん．ハムスターを3びき飼ってるよ．)

hand [ハンド hǽnd] 名 複数 hands

手（☆手首から先の部分をさす）

Wash your hands.
[ワッシュ ユア ハンズ]
— All right.
[オール ライト]
(手をあらいなさい．— はい．)

メモ 肩から手首までは arm といいます．

handkerchief [ハンカチフ hǽŋkərtʃif] 名 複数 handkerchiefs

ハンカチ

Whose handkerchief is this?
[フーズ ハンカチフ イズ ズィス]
— It's mine.
[イッツ マイン]
(これはだれのハンカチ？ — わたしのよ．)

happen [ハプン hǽpən] 動 三単 happens 過去 happened 現分 happening

起こる，生じる（☆ふつう偶然に起こることをいう）

What happened? — The train was late.
[ホワット ハプンド ザ トゥレイン ワズ レイト]
(なにが起きたの？ — 電車がおくれたの．)

happy [ハピィ hǽpi] 形 比較 happier 最上 happiest

うれしい，しあわせな，幸福な

You look happy.
[ユー ルック ハピィ]
（うれしそうだね．）

★**Happy birthday!** 誕生日おめでとう！

Happy birthday! — Thank you.
[ハピィ バースデイ サンク ユー]
（お誕生日おめでとう！ — ありがとう．）

★**Happy New Year!** あけましておめでとう！

Happy New Year, Bob! — Happy New Year!
[ハピィ ニュー イア ボブ ハピィ ニュー イア]
（あけましておめでとう，ボブ！ — あけましておめでとう！）

hard [ハード hάːrd] 副 比較 harder 最上 hardest

熱心に，一生けんめいに，はげしく

Did you study hard? — Yes, I did.
[ディド ユー スタディ ハード イェス アイディド]
（一生けんめい勉強した？ — うん，したよ．）

— 形 比較 harder 最上 hardest

かたい 対 soft（やわらかい）

This bread is very hard.
[ズィス ブレッド イズ ヴェリィ ハード]
（このパンはとてもかたいね．）

harmonica—hat   112

harmonica [ハーモニカ hɑːrmánikə] 名 (複数) harmonicas
ハーモニカ
Who plays the harmonica?
[フー　プレイズ　ザ　　ハーモニカ]
— Tom does.
　　[トム　ダズ]
(だれがハーモニカをふくの？ — トムだよ.)

has [ハズ hǽz] 動 have (～をもっている) の三人称単数現在形
My sister has a lot of CDs.
[マイ　スィスタァ　ハズ　ア ロット オヴ スィーディーズ]
(ぼくの姉さんはたくさんのCDをもっています.)

hat [ハット hǽt] 名 (複数) hats
ぼうし (☆ふちのあるものをいう)
Is this your hat?
[イズ ズィス　ユア　ハット]
— No.　It's Bob's.
　　[ノウ　イッツ　ボブズ]
(これはあなたのぼうしですか？
　— いや. それはボブのです.)

メモ ふちのないぼうしや前だけにひさしのあるぼうしのことは cap といいます.

have [ハヴ hǽv] 動 (三単) has (過去) had (現分) having

❶ ～をもっている，～がある

Do you have a dictionary?
[ドゥ ユー ハヴ ア ディクショネリィ]

— Yes. Here it is.
[イェス ヒア イット イズ]

(辞書をもってる？ —— ええ．はい，どうぞ．)

❷ ～を飼っている

Do you have any dogs?
[ドゥ ユー ハヴ エニィ ドーグズ]

— Yes. I have two dogs.
[イェス アイ ハヴ トゥー ドーグズ]

(犬を飼ってる？ —— うん．2ひき飼ってるよ．)

❸ ～を食べる，飲む

Let's have lunch over there.
[レッツ ハヴ ランチ オウヴァ ゼア]

— OK.
[オウケイ]

(あそこでお昼を食べよう．—— うん．)

Hawaii [ハワーイー həwάːiː] 名

ハワイ (☆太平洋にあるアメリカ合衆国の州)

We will go to Hawaii this winter.
[ウィー ウィル ゴウ トゥ ハワーイー ズィス ウィンタァ]

— That's great!
[ザッツ グレイト]

(この冬，わたしたちハワイに行くの．
—— すてきね！)

he — hear

he [ヒー híː] 代
彼は, 彼が

Do you know Tom? — Yes. He is my friend.
[ドゥ ユー ノウ トム イェス ヒー イズ マイ フレンド]
(トムを知ってる？ — うん. 彼はわたしの友だちよ.)

head [ヘッド héd] 名 複数 heads
頭 (☆首から上の部分全体をさす)

Put your hands on your head.
[プット ユア ハンズ オン ユア ヘッド]
(両手を頭の上に置いてごらん.)

healthy [ヘルスィ hélθi] 形
健康な, 健康によい

How old is your grandma?
[ハウ オウルド イズ ユア グランマー]
— Eighty. But she is healthy.
[エイティ バット シー イズ ヘルスィ]
(きみのおばあちゃんはいくつ？
— 80才. でも健康だよ.)

hear [ヒア híər] 動 三単 hears 過去 heard 現分 hearing
〜を聞く, 〜が聞こえる

Can you hear me?
[キャン ユー ヒア ミー]
— Yes.
[イェス]
(ぼくの声が聞こえる？ — うん.)

heavy [ヘヴィ hévi] 形 比較 heavier 最上 heaviest

重い 対 light (軽い)

This bag is too heavy.
[ズィス バッグ イズ トゥー ヘヴィ]

Can you help me?
[キャン ユー ヘルプ ミー]

(このかばんは重すぎるよ．手を貸してくれる？)

hello [ヘロウ həlóu] 間

やあ，こんにちは

Hello, Lucy. — Hi, Yumi.
[ヘロウ ルースィ ハイ ユミ]

(こんにちは，ルーシー．
— こんにちは，ユミ．)

help [ヘルプ hélp] 動 三単 helps 過去 helped 現分 helping

〜を助ける，手伝う

Help me! — What happened?
[ヘルプ ミー ホワット ハプンド]

(助けて！ — どうしたの？)

— 名

助け，手伝い

I need your help.
[アイ ニード ユア ヘルプ]

— OK. What is it?
[オウケイ ホワット イズ イット]

(あなたの助けが必要なの．
— いいよ．なんだい？)

her [ハー héːr] 代

❶ 彼女の

Do you know her name?
[ドゥ ユー ノウ ハー ネイム]

— Yes. It's Yumi.
[イェス イッツ ユミ]

(彼女の名前を知ってる？ — うん．ユミだよ．)

❷ 彼女を，彼女に

Is that Lucy? — Yes. I know her well.
[イズ ザット ルースィ イェス アイ ノウ ハー ウェル]

(あれはルーシー？ — ええ．わたし彼女をよく知ってるわ．)

here [ヒア híər] 副

ここに，ここで

Come here quickly.
[カム ヒア クウィクリィ]

(すぐにここに来て．)

★**Here is (are) ～.** ここに～があります

Here is a present for you. — Thanks a lot.
[ヒア イズ ア プレゼント フォァ ユー サンクス ア ロット]

(これ，きみへのプレゼントだよ．— どうもありがとう．)

★**Here it is.** はい，どうぞ

Give me a glass. — Here it is.
[ギヴ ミー ア グラス ヒア イット イズ]

(コップをちょうだい．— はい，どうぞ．)

★**Here you are.** はい，どうぞ（☆Here you go. ともいう）

Will you pass me the salt?
[ウィル ユー パス ミー ザ ソールト]

— Here you are.
[ヒア ユー アー]

(お塩をとってもらえる？ — はい，どうぞ．)

herself [ハァセルフ hərsélf] 代

彼女自身，彼女自身で

Yumi cooked lunch herself.
[ユミ　クックト　ランチ　ハァセルフ]
(ユミは自分で昼食をつくりました．)

he's [ヒーズ híːz] he is の短縮形

hey [ヘイ héi] 間

おい，やあ，おや（☆よびかけるときやおどろいたときのことば）

Hey, look! — Wow! It's a lion!
[ヘイ　ルック　　ワウ　イッツ ア ライオン]
(ねえ，見て！ — わあ！ライオンだ！)

hi [ハイ hái] 間

やあ，こんにちは（☆hello よりもくだけた言いかた）

Hello, Bob. — Hi, Ken.
[ヘロウ　ボブ　　ハイ　ケン]
(こんにちは，ボブ．— やあ，ケン．)

high [ハイ hái] 形　比較 higher　最上 highest

高い　対 low（低い）

Look at that mountain. — It's high!
[ルック　アット　ザット　マウンテン　　イッツ　ハイ]
(あの山を見て．— 高いね！)

メモ 「背が高い」というときは tall をつかいます．

hike—himself

hike [ハイク háik] 名 (複数) hikes
ハイキング

— 動 (三単) hikes (過去) hiked (現分) hiking

ハイキングをする

Let's go hiking. — Sounds great.
[レッツ ゴウ ハイキング　　サウンズ　グレイト]
(ハイキングに行こうよ. — いいわね.)

hill [ヒル híl] 名 (複数) hills
丘, 小山

Let's have lunch on the top of that hill. — Good idea!
[レッツ ハヴ ランチ オン ザ トップ オヴ ザット ヒル　　グッド アイディーア]
(あの丘のてっぺんでお昼ごはんを食べよう. — そうしよう.)

him [ヒム hím] 代
彼を, 彼に

Did you see Tom?
[ディド ユー スィー トム]

— Yes, I saw him in the library.
[イェス アイ ソウ ヒム イン ザ ライブラリィ]
(トムを見かけた？
— うん, 図書館で彼を見かけたよ.)

himself [ヒムセルフ himsélf] 代
彼自身, 彼自身で

He did his homework himself.
[ヒー ディド ヒズ ホウムワーク ヒムセルフ]
(彼は自分で宿題をやった.)

hint — hobby

hint [ヒント hínt] 名 (複数) hints
ヒント, ほのめかし

Give me a hint. — No. Think carefully.
[ギヴ ミー ア ヒント ノウ スィンク ケアフリィ]
(ヒントをちょうだい. — だめよ. よく考えてごらん.)

his [ヒズ híz] 代
彼の

What is his name? — Mike.
[ホワット イズ ヒズ ネイム マイク]
(彼の名前はなんていうの? — マイクだよ.)

history [ヒストリィ hístəri] 名 (複数) histories
歴史

We study the history of Japan in school.
[ウィー スタディ ザ ヒストリィ オヴ ジャパン イン スクール]
(わたしたちは学校で日本の歴史を勉強します.)

hit [ヒット hít] 動 (三単) hits (過去) hit (現分) hitting
〜を打つ, 〜に当たる, ぶつかる

Hit the ball!
[ヒット ザ ボール]
(ボールを打て!)

hobby [ホビィ hábi] 名 (複数) hobbies
趣味

What's your hobby? — Fishing.
[ホワッツ ユア ホビィ フィシング]
(きみの趣味はなに? — 釣りだよ.)

hold—home

hold [ホウルド hóuld] 動 三単 holds 過去 held 現分 holding

～をもつ，つかむ，だく

Hold my arm.
[ホウルド マイ アーム]
(ぼくのうでをつかんで．)

holiday [ホリデイ hálədèi] 名 複数 holidays

休日（きゅうじつ）

Wake up! It's time for school.
[ウェイク アップ イッツ タイム フォァ スクール]
— But today is a **holiday**.
[バット トゥデイ イズ ア ホリデイ]
(起きなさい！ 学校に行く時間よ．
— でも，きょうは休日だよ．)

home [ホウム hóum] 名 複数 homes

うち，家庭（かてい）

What time did you leave **home**? — At eight.
[ホワット タイム ディド ユー リーヴ ホウム アット エイト]
(何時にうちを出たの？ — 8時だよ．)

— 副

うちへ，うちに

I will stay **home** tomorrow.
[アイ ウィル ステイ ホウム トゥモロウ]
(わたしはあすはうちにいます．)

★**come home** うちに帰（かえ）る

It's already eight. Come **home** soon.
[イッツ オールレディ エイト カム ホウム スーン]
(もう8時よ．すぐにうちに帰ってきなさい．)

homework [ホウムワク hóumwə̀ːrk] 名

宿題

I have a lot of homework today.
[アイ ハヴ ア ロット オヴ ホウムワーク トゥデイ

— That's too bad.
ザッツ トゥー バッド]

(きょうは宿題がいっぱいあるの. — それはお気のどくに.)

honey [ハニィ háni] 名

はちみつ

Bears like honey very much.
[ベアズ ライク ハニィ ヴェリィ マッチ]

(くまははちみつが大好きです.)

Hong Kong [ホングコング háŋ káŋ] 名

香港(☆中国南東部の島)

horse [ホース hɔ́ːrs] 名 複数 horses

馬

Can you ride a horse? — No, I can't.
[キャン ユー ライド ア ホース ノウ アイ キャント]

(きみは馬に乗れる? — ううん, 乗れない.)

hospital [ホスピトゥル háspitl] 名 複数 hospitals

病院

Where are you?
[ホウェア アー ユー

— I'm at the hospital.
アイムアット ザ ホスピトゥル]

(どこにいるの? — 病院にいるよ.)

hot — house

hot [ホット hát] 形 (比較) hotter (最上) hottest

❶ 暑い, 熱い (対) cold (寒い, 冷たい)

It's really hot today.
[イッツ リーアリィ ホット トゥデイ]
(きょうはほんとうに暑いね.)

❷ からい

How does it taste? — It's too hot.
[ハウ ダズ イット テイスト イッツ トゥー ホット]
(味はどう? — からすぎるよ.)

hotel [ホウテル houtél] 名 (複数) hotels

ホテル

We stayed at a nice hotel.
[ウィー ステイド アット ア ナイス ホウテル]
(わたしたち, すてきなホテルにとまったの.)

hour [アウア áuər] 名 (複数) hours

時間, 1時間

How long did you watch TV?
[ハウ ローング ディド ユー ワッチ ティーヴィー]

— For two hours.
[フォア トゥー アウアズ]
(どのくらいテレビを見てたの? — 2時間だよ.)

house [ハウス háus] 名 (複数) houses

家

My house is near the station.
[マイ ハウス イズ ニア ザ ステイション]
(わたしの家は駅の近くです.)

how [ハウ háu] 副

どうやって, どんなふうに

How do you come to school?
[ハウ ドゥ ユー カム トゥ スクール]

— By bike.
[バイ バイク]

(どうやって学校に来るの？ — 自転車でだよ.)

*How many ~? いくつ~, 何人~

How many dishes do you need? — Three.
[ハウ メニィ ディッシズ ドゥ ユー ニード スリー]

(お皿は何まい必要？ — 3まい.)

*How much ~? いくら（☆値段）, どのくらい~（分量）

How much is this bag?
[ハウ マッチ イズ ズィス バッグ]

— It's two thousand yen.
[イッツ トゥー サウザンド イェン]

(このかばんはいくらですか？ — 2000円です.)

How much water do you need?
[ハウ マッチ ウォータァ ドゥ ユー ニード]

— Two cups, please.
[トゥー カップス プリーズ]

(水はどのくらい必要？
— カップ2はい, おねがい.)

*How about ~? ~はいかがですか, ~はどうですか

How about some ice cream? — Sure!
[ハウ アバウト サム アイス クリーム シュア]

(アイスクリームはいかが？ — もちろん！)

*How are you? ごきげんいかがですか

How are you? — Fine, thank you. And you?
[ハウ アー ユー ファイン サンク ユー アンド ユー]

(ごきげんいかがですか？ — 元気です, ありがとう. あなたは？)

how's [ハウズ háuz] how is の短縮形

hundred [ハンドゥレッド hʌ́ndrəd] 名
100

― 形
100の

How much is this?
[ハウ マッチ イズ ズィス]
― Two hundred yen.
[トゥー ハンドゥレッド イェン]
(これはいくらですか? ― 200円です.)

hungry [ハングリィ hʌ́ŋgri] 形
空腹の

Are you hungry?
[アー ユー ハングリィ]
― Yes, I am.
[イェス アイ アム]
(おなかすいてる? ― うん,すいてるよ.)

hurry [ハーリィ hə́:ri] 動 三単 hurries 過去 hurried 現分 hurrying
急ぐ,あわてる

Please hurry. We have no time.
[プリーズ ハーリィ ウィー ハヴ ノウ タイム]
(急いで.時間がないんだ.)

I i

[アイ ái]

A B C D E F G H **I** J K L M N O P Q R S T U V W X Y Z
a b c d e f g h **i** j k l m n o p q r s t u v w x y z

I [アイ ái] 代

わたしは，わたしが

How old are you? — I am eleven.
[ハウ オウルド アー ユー　アイ アム イレヴン]
(あなたは何才ですか？ — わたしは11才です．)

ice cream [アイスクリーム áis krìːm] 名

アイスクリーム

Do you want some ice cream?
[ドゥ ユー ワント サム アイス クリーム]

— Yes, please.
[イェス プリーズ]

(アイスクリームはいかが？
— ええ，おねがいします．)

idea [アイディーア aidíːə] 名 (複数) ideas

考え，意見，おもいつき

Let's go skiing this weekend.
[レッツ ゴウ スキーイング ズィス ウィーケンド]

— Good idea.
[グッド アイディーア]

(この週末，スキーに行こうよ． — いい考えね．)

I'm — India

I'm [アイム áim] I am の短縮形

in [イン in／(強くいうとき) イン ín] 前

❶ 〜の中に，〜に (☆場所をあらわす)

Where are you? — I'm in the living room.
[ホウェア アー ユー アイム イン ザ リヴィング ルーム]
(どこにいるの？—— 居間にいるよ．)

❷ 〜に (☆年・季節・月などをあらわす)

Japanese school begins in April.
[ジャパニーズ スクール ビギンズ イン エイプリル]
(日本の学校は4月にはじまります．)

メモ 時をあらわす in のあとには「年」「季節」「月」のほかに the morning, the afternoon, the evening もきます．

❸ 〜で (☆方法・手段などをあらわす)

How do you say *matsuri* in English? — Festival.
[ハウ ドゥ ユー セイ マツリ イン イングリッシュ フェスティヴァル]
(「祭り」のことを英語でなんといいますか？—— Festival です．)

—— 副

中に，中へ 対 out (外に)

Come in, please.
[カム イン プリーズ]
(中に入ってください．)

India [インディア índiə] 名
インド 

I want to go to India.
[アイ ワント トゥ ゴウ トゥ インディア]

— Me, too.
[ミー トゥー]
(ぼく，インドに行ってみたいな．—— わたしも．)

Indian [インディアン índiən] 名 複数 Indians

インド人

— 形

インドの, インド人の

Are you Indian? — No, I am not.
[アー ユー インディアン ノウ アイ アム ノット]
(あなたはインド人ですか？ — いいえ, ちがいます.)

inside [インサイド insáid] 名

内側, 内部 対 outside (外側)

— 副

中に, 内側に

It's cold. Let's go inside.
[イッツ コウルド レッツ ゴウ インサイド]
(寒いね. 中に入ろう.)

interesting [インタレスティング íntrəstiŋ] 形

おもしろい, 興味ぶかい

Read this book. It's really interesting.
[リード ズィス ブック イッツ リーアリィ インタレスティング]
(この本を読んでみて. ほんとうにおもしろいの.)

into [イントゥ intə／(強くいうとき) イントゥー íntuː] 前

〜の中に, 〜の中へ

Go into the room. — All right.
[ゴウ イントゥ ザ ルーム オール ライト]
(部屋に入りなさい. — わかった.)

is

is [イズ iz／(強くいうとき) イズ íz] 動 過去 **was**

❶ ～である

Who is this?
[フー　イズ　ズィス]
— That's my father.
　　[ザッツ　マイ　ファーザァ]
(これはだれ？
　— それはぼくのお父さんだよ.)

❷ ～にいる，ある

Where is Mom?
[ホウェア　イズ　マム]
— She is in the kitchen.
　　[シー　イズ イン ザ　キチン]
(お母さんはどこにいるの？
　— 台所にいるよ.)

★**is ～ing** ～している

Yumi is making dinner with her mother.
[ユミ　イズ　メイキング　ディナァ　ウィズ　ハー　マザァ]
(ユミはお母さんと晩ごはんをつくっています.)

island

island [アイランド áilənd] 名 複数 **islands**

島

Look! There is an island!
[ルック　ゼア　イズ アン　アイランド]
— Where?
　　[ホウェア]
(見て！　島があるわよ！　— どこ？)

isn't ― it

isn't [イズント íznt] is not の短縮形

it [イット ít] 代

❶ **それは，それが** (☆すでに話題になっているものをさす)

Where is the dictionary?
[ホウェア イズ ザ ディクショネリィ]
― It is on the desk.
[イット イズ オン ザ デスク]
(辞書はどこ？ ― それはつくえの上だよ．)

❷ **それを，それに** (☆すでに話題になっているものをさす)

Did you make this doll?
[ディド ユー メイク ズィス ドル]
―Yes, I made it myself.
[イェス アイ メイド イット マイセルフ]
(きみがこの人形をつくったの？
― ええ，わたしが自分でそれをつくったのよ．)

❸ (☆天候・時・距離などをいうときの主語としてつかう)

It's sunny now.
[イッツ サニィ ナウ]
(いまは晴れてるよ．)

What time is it?
[ホワット タイム イズ イット]
― It's six thirty.
[イッツ スィックス サーティ]
(いま何時ですか？ ― 6時半だよ．)

Italian

Italian [イタリャン itǽljən] 名 複数 **Italians** (イタリャンズ)

イタリア人, イタリア語

Do you speak Italian?
[ドゥ ユー スピーク イタリャン
— No, I don't.
ノウ アイ ドウント]
(あなたはイタリア語を話せる？
── いや, 話せないよ.)

──形

イタリアの, イタリア人の

I like Italian food.
[アイ ライク イタリャン フード
— Me, too.
ミー トゥー]
(ぼく, イタリアの食べものが好きなんだ.
── わたしも.)

Italy

Italy [イタリィ ítəli] 名

イタリア

This is my first trip to Italy.
[ズィス イズ マイ ファースト トゥリップ トゥ イタリィ]
(これがわたしのはじめてのイタリア旅行です.)

it's

it's [イッツ íts] it is の短縮形

J j

[ジェイ dʒéi]

A B C D E F G H I **J** K L M N O P Q R S T U V W X Y Z
a b c d e f g h i **j** k l m n o p q r s t u v w x y z

jacket [ジャケット dʒǽkit] 名 複数 jackets

上着, ジャケット

Whose jacket is this? — It's mine.
[フーズ　ジャケット イズ ズィス　　イッツ　マイン]
(これはだれの上着？ —— わたしのよ.)

jam [ジャム dʒǽm] 名

ジャム

How about some jam? — Yes, please.
[ハウ　アバウト　サム　ジャム　　イェス　プリーズ]
(ジャムはいかが？ —— うん, おねがい.)

January [ジャニュエリィ dʒǽnjuèri] 名

1月(☆Jan. と略す)

Japan [ジャパン dʒəpǽn] 名

日本

Where are you from? — I'm from Japan.
[ホウェア　アー　ユー　フロム　　アイム　フロム　ジャパン]
(きみはどこの出身？ —— 日本の出身よ.)

Japanese [ジャパニーズ dʒæpəníːz] 名 (複数) Japanese

日本語, 日本人, 国語

Do you speak Japanese? — A little.
[ドゥ ユー スピーク ジャパニーズ ア リトゥル]
(あなたは日本語を話しますか？ — 少しだけ.)

— 形

日本の, 日本人の

Are you Japanese? — Yes, I am.
[アー ユー ジャパニーズ イェス アイ アム]
(あなたは日本人ですか？ — はい, そうです.)

job [ジョブ dʒáb] 名 (複数) jobs

職, 仕事

What is your father's job? — He is a doctor.
[ホワット イズ ユア ファーザァズ ジョブ ヒー イズ ア ドクタァ]
(あなたのお父さんの職業はなんですか？ — 医者です.)

Good job!
[グッド ジョブ]
(よくできたね！)

join [ジョイン dʒɔ́in] 動 (三単) joins (過去) joined (現分) joining

〜に参加する, 〜の仲間に入る

Come and join us. — Thanks. I will.
[カム アンド ジョイン アス サンクス アイ ウィル]
(こっちに来て仲間に入りなよ. — ありがとう. そうするよ.)

juice [ジュース dʒúːs] 名

ジュース

How about some orange juice?
[ハウ アバウト サム オーレンジ ジュース

— Yes, please.
 イェス プリーズ]

(オレンジジュースはいかが？ —— ええ，おねがい．)

July [ジュライ dʒulái] 名

7月（☆Jul. と略す）

jump [ジャンプ dʒʌ́mp] 動 三単 jumps 過去 jumped 現分 jumping

とぶ，とびはねる

Jump over the wall!
[ジャンプ オウヴァ ザ ウォール

— I can't.
 アイ キャント]

(へいをとびこえろ！ —— できないよ．)

June [ジューン dʒúːn] 名

6月（☆Jun. と略す）

just [ジャスト dʒʌ́st] 副

ちょうど，きっかり，たったいま

How much is this?
[ハウ マッチ イズ ズィス

— Just a thousand yen.
 ジャスト ア サウザンド イェン]

(これはいくらですか？ —— ちょうど1000円です．)

kangaroo—key

K k
[ケイ kéi]

A B C D E F G H I J **K** L M N O P Q R S T U V W X Y Z
a b c d e f g h i j **k** l m n o p q r s t u v w x y z

kangaroo [キャンガルー kǽŋgərúː] 名 複数 kangaroos
カンガルー

keep [キープ kíːp] 動 三単 keeps 過去 kept 現分 keeping

❶ 〜をずっともっている，〜を飼っている
Can I keep this book? — Sure.
[キャン アイ キープ ズィス ブック　　　シュア]
(この本をもっていてもいい？ — どうぞ．)

❷ 〜を守る
I will keep a secret.
[アイ ウィル　キープ　ア　スィークレット]
(ぼくは秘密を守るよ．)

key [キー kíː] 名 複数 keys
かぎ
Where is the key? — I don't know.
[　ホウェア　イズ　ザ　キー　　　アイ　ドウント　ノウ　]
(かぎはどこだ？ — 知らないわ．)

kick [キック kík] 動 三単 kicks 過去 kicked 現分 kicking

ける，けとばす

Kick the ball!
[キック ザ ボール]
(ボールをけれ！)

kid [キッド kíd] 名 複数 kids

子ども

You are a lucky kid!
[ユー アー ア ラッキィ キッド]
(きみは運のいい子だ！)

kind¹ [カインド káind] 形 比較 kinder 最上 kindest

親切な，やさしい

Yumi is very kind.
[ユミ イズ ヴェリィ カインド]
(ユミはとても親切です．)

kind² [カインド káind] 名 複数 kinds

種類

What kind of music do you like?
— I like pop music.
[ホワット カインド オヴ ミューズィック ドゥ ユー ライク
アイ ライク ポップ ミューズィック]
(どんな種類の音楽が好き？
—— ポピュラー音楽が好きだね．)

king — koala

king [キング kíŋ] 名 複数 kings キングズ

王, 国王 対 queen (女王)

He is the king of this land.
[ヒー イズ ザ キング オヴ ズィス ランド]
(彼はこの国の王様です.)

kitchen [キチン kítʃən] 名 複数 kitchens キチンズ

台所, キッチン

Where are you? — I'm in the kitchen.
[ホウェア アー ユー アイム イン ザ キチン]
(どこにいるの? — 台所にいるよ.)

knife [ナイフ náif] 名 複数 knives ナイヴズ

ナイフ

Use your knife carefully. — OK. I will.
[ユーズ ユア ナイフ ケアフリィ オウケイ アイウィル]
(気をつけてナイフをつかいなさい. — うん. そうする.)

know [ノウ nóu] 動 三単 knows ノウズ 過去 knew ニュー 現分 knowing ノウイング

知っている

Do you know Mr. White? — Yes. He's my teacher.
[ドゥ ユー ノウ ミスタァ ホワイト イェス ヒーズ マイ ティーチァァ]
(ホワイト先生を知ってる? — うん. ぼくの先生だよ.)

koala [コウアーラ kouá:lə] 名 複数 koalas コウアーラズ

コアラ

Look! That's a koala. — Yes. It's cute.
[ルック ザッツ ア コウアーラ イェス イッツ キュート]
(見て! あれ, コアラよ. — ほんと. かわいいね.)

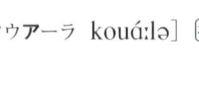

L l

[エル él]

A B C D E F G H I J K **L** M N O P Q R S T U V W X Y Z
a b c d e f g h i j k **l** m n o p q r s t u v w x y z

lady [レイディ léidi] 名 複数 ladies

婦人, 女の人 (☆woman よりもていねいな言いかた)

Who is that lady? — She is Mrs. White.
[フー イズ ザット レイディ　シー イズ ミセズ ホワイト]
(あの女の人はだれ？ — ホワイト先生だよ.)

lake [レイク léik] 名 複数 lakes

湖

This lake is very deep.
[ズィス レイク イズ ヴェリィ ディープ]
(この湖はとても深い.)

land [ランド lǽnd] 名 複数 lands

陸, 土地, 国

Can you see land? — No, I can't.
[キャン ユー スィー ランド　ノウ アイ キャント]
(陸地は見える？ — いや, 見えないよ.)

large — last

large [ラージ lάːrdʒ] 形 比較 larger 最上 largest

大きい，広い 対 small (小さい)

This hat is too large for me. — How about this one?
[ズィス ハット イズ トゥー ラージ フォ ミー　ハウ アバウト ズィス ワン]
(このぼうしはぼくには大きすぎます．— こちらのはどうですか？)

last [ラスト lǽst] 形

❶ **最後の** (☆ふつう the をつける) 対 first (最初の)

This is the last chance.
[ズィス イズ ザ ラスト チャンス]
(これが最後のチャンスだ．)

❷ **この前の** 対 next (次の)

Where did you go last Sunday?
[ホウェア ディド ユー ゴウ ラスト サンデイ]

— I went to the beach.
[アイ ウェント トゥ ザ ビーチ]
(この前の日曜日はどこに行ったの？
— 海に行ったよ．)

メモ last night (昨夜), last week (先週), last month (先月), last year (去年) などの言いかたもおぼえておきましょう．

—副

最後に 対 first (最初に)

Who arrived last?
[フー アライヴド ラスト]

— Tom did.
[トム ディド]
(最後に着いたのはだれ？
— トムよ．)

late—later

late [レイト léit] 形 (比較) later (最上) latest

おくれて，おそい

Go to bed. It's late. — All right.
[ゴウ トゥ ベッド イッツ レイト オール ライト]
(ねなさい．もうおそいわよ．— わかった．)

*be late for ～ ～におくれる，遅刻する

I was late for school today.
[アイ ワズ レイト フォア スクール トゥデイ]
(きょうは学校に遅刻しちゃった．)

— 副 (比較) later (最上) latest

おそく，おくれて 対 early (早く)

My father gets up late on Sundays.
[マイ ファーザァ ゲッツ アップ レイト オン サンデイズ]
(わたしの父は日曜日はおそく起きます．)

later [レイタァ léitər] 副 late の比較級の1つ

もっとおそく，あとで

See you later. — Yeah, see you.
[スィー ユー レイタァ イェア スィー ユー]
(またね．— うん，じゃあね．)

laugh [ラフ lǽf] 動 三単 laughs 過去 laughed 現分 laughing

(声に出して) 笑う

Why are you laughing?
[ホワイ アー ユー ラフィング]
— Because this book is so funny.
[ビコーズ ズィス ブック イズ ソウ ファニィ]
(なんで笑っているの？
— だってこの本,すごくおかしいんだ.)

learn [ラーン lə́ːrn] 動 三単 learns 過去 learned 現分 learning

学ぶ,習う,おぼえる

I'm learning karate. — Really?
[アイム ラーニング カラーティ リーアリィ]
(わたし,空手を習ってるのよ. — ほんとう？)

leave [リーヴ líːv] 動 三単 leaves 過去 left 現分 leaving

❶ 〜を去る,はなれる,出発する

When will you leave Japan? — Next Monday.
[ホウェン ウィル ユー リーヴ ジャパン ネクスト マンデイ]
(きみはいつ日本を出発するの？ — こんどの月曜日だよ.)

❷ 〜を置きわすれる,置いていく

Oh! I left my umbrella in the train.
[オウ アイレフト マイ アンブレラ イン ザ トゥレイン]
(ああ！電車にかさを置きわすれちゃった.)

left [レフト léft] 副

左に 対right（右に）

Turn left at that corner. — I see.
[ターン レフト アット ザット コーナァ アイ スィー]
（あの角を左にまがってください.── わかりました.）

──形

左の 対right（右の）

She writes with her left hand.
[シー ライツ ウィズ ハー レフト ハンド]
（彼女は左手で字を書きます.）

──名

左, 左側 対right（右）

The post office is on your left.
[ザ ポウスト オーフィス イズ オン ユア レフト]
（郵便局はあなたの左手にあります.）

leg [レッグ lég] 名 複数legs

あし（☆太ももから足首までの部分をさす）

That model has long legs.
[ザット モドゥル ハズ ローング レッグズ]
（あのモデルはあしが長いね.）

メモ 足首から先は foot といいます.

lemon [レモン léman] 名 複数lemons

レモン

lend [レンド lénd] 動 三単 lends 過去 lent 現分 lending

〜を貸す 対 borrow（〜を借りる）

Will you lend me your bike?
[ウィル ユー レンド ミー ユア バイク]
— Sure.
[シュア]
（きみの自転車を貸してくれる？
— いいよ．）

lesson [レスン lésn] 名 複数 lessons

授業，レッスン，（教科書の）課

She is at her piano lesson now.
[シー イズ アット ハー ピアノウ レスン ナウ]
（彼女はいまピアノのレッスン中です．）

let [レット lét] 動 三単 lets 過去 let 現分 letting

〜に…させる

Let me try. — OK. Go ahead.
[レット ミー トゥライ オウケイ ゴウ アヘッド]
（ぼくにやらせて． — いいよ．どうぞ．）

let's [レッツ léts] let us の短縮形

〜しよう

Let's go to the park. — Yes, let's.
[レッツ ゴウ トゥ ザ パーク イェス レッツ]
（公園へ行こうよ！ — うん，そうしよう．）

letter [レタァ létər] 名 複数 letters

手紙

Write me a letter. — OK. I will.
[ライト ミー ア レタァ オウケイ アイ ウィル]
(手紙を書いてね. — うん.そうする.)

library [ライブレリィ láibrèri] 名 複数 libraries

図書館, 図書室

Let's study at the library.
[レッツ スタディ アット ザ ライブレリィ]
— Yes, let's.
[イェス レッツ]
(図書館で勉強しようよ. — そうしよう.)

lie [ライ lái] 動 三単 lies 過去 lay 現分 lying

横になる, 横たわる

Lie down on the grass.
[ライ ダウン オン ザ グラス]
(しばふの上に横になってごらん.)

life [ライフ láif] 名 複数 lives

命, 一生, 生活

How is your life in Japan?
[ハウ イズ ユア ライフ イン ジャパン]
— I enjoy it very much.
[アイ インジョイ イット ヴェリィ マッチ]
(日本での生活はどう？— とても楽しんでいるわ.)

light¹ ［ライト láit］ 名 複数 lights

光，明かり

It is dark. Turn on the light.
［イット イズ ダーク　ターン オン ザ ライト］
— OK.
［オウケイ］
（暗いね．明かりをつけて．— うん．）

— 形 比較 lighter 最上 lightest

明るい 対 dark（暗い）

It is still light outside.
［イット イズ スティル ライト　アウトサイド］
（外はまだ明るいね．）

light² ［ライト láit］ 形 比較 lighter 最上 lightest

軽い 対 heavy（重い）

Can you carry this box?
［キャン　ユー　キャリィ　ズィス　ボックス］
— No problem. It's light.
［ノウ　プロブレム　イッツ　ライト］
（この箱を運んでくれる？ — いいよ．軽いね．）

like ［ライク láik］ 動 三単 likes 過去 liked

〜を好む，〜が好きである

What sports do you like?
［ホワット　スポーツ　ドゥ　ユー　ライク］
— I like tennis.
［アイ ライク　テニス］
（スポーツはなにが好き？
— テニスが好き．）

lily [リリィ líli] 名 複数 lilies

ゆり

line [ライン láin] 名 複数 lines

❶ 線, すじ

Draw a straight line.
[ドゥロー ア ストゥレイト ライン]
(まっすぐな線をかきなさい.)

❷ (文の) 行, 列

Read the first line.
[リード ザ ファースト ライン]
(最初の行を読みなさい.)

lion [ライオン láiən] 名 複数 lions

ライオン

listen [リスン lísn] 動 三単 listens 過去 listened 現分 listening

聞く (☆注意して聞くときにつかう)

Listen carefully, everyone.
[リスン ケアフリィ エヴリィワン]
(みなさん, 注意して聞いてね.)

*listen to ～ ～を聞く

Listen to this song. It's beautiful.
[リスン トゥ ズィス ソーング イッツ ビューティフル]
(この歌を聞いてみて. すてきよ.)

little — living

little [リトゥル lítl] 形 比較 less 最上 least

❶ 小さい，小さくてかわいい

Who is that little boy? — He is Bob's brother.
[フー イズ ザット リトゥル ボイ ヒー イズ ボブズ ブラザァ]
(あの小さな男の子はだれ？ —— ボブの弟だよ．)

❷ 少しの (☆ a little 〜 の形でつかう)

I have a little money now.
[アイ ハヴ ア リトゥル マニィ ナウ]
(いまは少しお金をもっています．)

❸ ほとんどない (☆ a をつけずに little 〜 の形でつかう)

I have little money now.
[アイ ハヴ リトゥル マニィ ナウ]
(いまはほとんどお金をもっていません．)

live [リヴ lív] 動 三単 lives 過去 lived 現分 living

住む，くらす

Where do you live? — I live in Fukuoka.
[ホウェア ドゥ ユー リヴ アイ リヴ イン フクオカ]
(あなたはどこに住んでいるのですか？ —— 福岡に住んでいます．)

living [リヴィング líviŋ] 名

生活，くらし

★**living room** 居間，リビングルーム

Where is Yumi?
[ホウェア イズ ユミ]

— She's in the living room.
[シーズ イン ザ リヴィング ルーム]
(ユミはどこにいるの？ —— 居間にいるよ．)

London [ランドン lʌ́ndən] 名

ロンドン (☆イギリスの首都)

My father is in London now.
[マイ ファーザァ イズ イン ランドン ナウ]
(わたしの父はいまロンドンにいます.)

long [ローング lɔ́:ŋ] 形 比較 longer 最上 longest

長い (☆距離・時間が) 対 short (短い)

This bridge is very long.
[ズィス ブリッジ イズ ヴェリィ ローング]
(この橋はとても長い.)

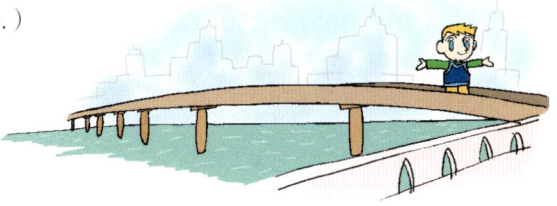

— 副 比較 longer 最上 longest

長く, 長い間

How long will you stay in Japan? — Two weeks.
[ハウ ローング ウィル ユー ステイ イン ジャパン トゥー ウィークス]
(どのくらい〔長く〕日本に滞在するのですか? — 2週間です.)

look—lot

look ［ルック lúk］ 動 (三単) looks (過去) looked (現分) looking

❶ 見る

Hey, look! That's Mt. Fuji. — Wow! Beautiful.
［ヘイ　ルック　ザッツ　マウント　フジ　　　ワウ　　ビューティフル］
(ねえ，見て！富士山だよ．—— わあ！きれい．)

❷ 〜に見える

You look happy. — Yes. I am happy.
［ユー　ルック　ハピィ　　イェス　アイ アム　ハピィ］
(うれしそうね．—— うん．うれしいんだ．)

★**look at 〜**　〜を見る

Look at my new baseball cap. — It's nice.
［ルック　アット　マイ　ニュー　ベイスボール　キャップ　　イッツ　ナイス］
(ぼくの新しい野球帽を見て．—— すてきね．)

lose ［ルーズ lúːz］ 動 (三単) loses (過去) lost (現分) losing

❶ 〜を失う，なくす，(道) にまよう

Don't lose the key. — All right.
［ドウント　ルーズ　ザ　キー　　オール　ライト］
(かぎをなくさないでね．—— わかった．)

❷ (試合など) に負ける

We lost the game yesterday.
［ウィー　ロースト　ザ　ゲイム　イェスタディ］
(ぼくたち，きのう試合に負けちゃったんだ．)

lot ［ロット lάt］ 名 (複数) lots

たくさん

★**a lot of 〜**　たくさんの〜 (☆lots of 〜 ともいう)

I have a lot of homework today.
［アイ　ハヴ　ア　ロット オヴ　ホウムワーク　　トゥデイ］
(きょうは宿題がたくさんあります．)

love [ラヴ lʌ́v] 動 三単 loves 過去 loved 現分 loving

〜を愛する, 大好きである

Do you like cookies? — Yes. I love cookies!
［ドゥ ユー ライク クッキィズ　　　イェス アイ ラヴ クッキィズ］
(クッキーは好き？ —— うん. クッキー大好き！)

lovely [ラヴリィ lʌ́vli] 形

かわいらしい, すてきな

Your garden is lovely. — Thank you.
［ユア ガードゥン イズ ラヴリィ　　サンク ユー］
(あなたのうちの庭, すてきね. —— ありがとう.)

low [ロウ lóu] 形 比較 lower 最上 lowest

低い 対 high (高い)

His house stands on a low hill.
［ヒズ ハウス スタンズ オン ア ロウ ヒル］
(彼の家は低い丘の上にたっています.)

lucky [ラッキィ lʌ́ki] 形

運のいい, 幸運な

Eight is my lucky number.
［エイト イズ マイ ラッキィ ナンバァ］
(8はぼくの幸運の数なんだ.)

lunch [ランチ lʌ́ntʃ] 名

昼食, 弁当

Let's have lunch. — Sounds good.
［レッツ ハヴ ランチ　　サウンズ グッド］
(お昼ごはんにしよう. —— そうしましょう.)

Mm
[エム ém]

A B C D E F G H I J K L **M** N O P Q R S T U V W X Y Z
a b c d e f g h i j k l **m** n o p q r s t u v w x y z

magazine [マガズィーン mægəzíːn] 名 複数 magazines
雑誌

What are you reading? — A soccer magazine.
[ホワット アー ユー リーディング ア サカァ マガズィーン]
(なにを読んでるの？ —— サッカーの雑誌だよ.)

mail [メイル méil] 名
郵便, 郵便物

—— 動 三単 mails 過去 mailed 現分 mailing
～を郵送する, ポストに入れる

Can you mail this letter? — OK.
[キャン ユー メイル ズィス レタァ オウケイ]
(この手紙を出してもらえる？ —— いいよ.)

make [メイク méik] 動 三単 makes 過去 made 現分 making
～をつくる

Who makes dinner? — I do.
[フー メイクス ディナァ アイ ドゥー]
(だれが夕食をつくるんですか？ —— わたしよ.)

man [マン mǽn] 名 複数 men

男の人，人 対 woman（女の人）

Who is that man? — That's Bob's father.
［フー イズ ザット マン ザッツ ボブズ ファーザァ］
（あの男の人はだれ？ ── あれはボブのお父さんだよ．）

many [メニィ méni] 形 比較 more 最上 most

多くの，たくさんの

My sister has many dolls.
［マイ スィスタァ ハズ メニィ ドルズ］
（ぼくの姉さんはたくさん人形をもっています．）

map [マップ mǽp] 名 複数 maps

地図

This is a map of my town.
［ズィス イズ ア マップ オヴ マイ タウン］
（これはわたしの町の地図です．）

March [マーチ má:rtʃ] 名

3月（☆Mar. と略す）

match [マッチ mǽtʃ] 名 複数 matches

マッチ

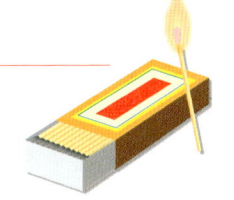

math [マス mǽθ] 名

数学（☆mathematics の略）

Which subject do you like? — I like math.
［ホウィッチ サブジェクト ドゥ ユー ライク アイライク マス］
（どの科目が好き？ ── ぼくは数学が好き．）

May [メイ méi] 名

5月

may [メイ méi] 助

❶ 〜してもよい

May I ask a question? — Sure.
[メイ アイアスク ア クウェスチョン　　シュア]
(質問をしてもいいですか？ — どうぞ.)

❷ 〜かもしれない

It may rain tomorrow.
[イット メイ レイン　トゥモロウ]
(あしたは雨がふるかもしれません.)

me [ミー míː] 代

わたしを，わたしに

Do you believe me? — Yes, I do.
[ドゥ ユー ビリーヴ ミー　イェス アイドゥー]
(わたしを信じる？ — うん，信じるよ.)

Come with me. — OK.
[カム ウィズ ミー　オウケイ]
(わたしといっしょに来て. — いいよ.)

meat [ミート míːt] 名

肉（☆食用の）

I don't eat meat. I like fish.
[アイ ドウント イート ミート　アイ ライク フィッシュ]
(わたし，肉は食べないの．魚が好き.)

meet [ミート míːt] 動 三単 meets 過去 met 現分 meeting

会う, 出会う, 出迎える

When can I meet you? ― How about seven?
[ホウェン キャン アイ ミート ユー　ハウ アバウト セヴン]
(いつ会える？ ― 7時はどう？)

★Nice to meet you. はじめまして（☆初対面のあいさつ）

Nice to meet you.
[ナイス トゥ ミート ユー]

― Nice to meet you, too.
[ナイス トゥ ミート ユー トゥー]
(はじめまして. ― はじめまして.)

melon [メロン mélən] 名 複数 melons

メロン

men [メン mén] 名 man（男の人）の複数形

merry [メリィ méri] 形

陽気な, たのしい, ゆかいな

Merry Christmas, Lucy! ― Merry Christmas, Yumi!
[メリィ クリスマス ルースィ　メリィ クリスマス ユミ]
(メリークリスマス, ルーシー！ ― メリークリスマス, ユミ！)

meter — milk

meter [ミータァ míːtəァ] 名 複数 meters
メートル(☆長さの単位)

How high is that mountain?
— About two thousand meters high.
(あの山はどのくらいの高さがあるの？ —— およそ2000メートルだよ.)

Mexican [メクスィカン méksikən] 名 複数 Mexicans
メキシコ人

— 形
メキシコの，メキシコ人の

Are you Mexican? — No. I'm Spanish.
(あなたはメキシコ人ですか？ —— いいえ．スペイン人です.)

Mexico [メクスィコウ méksikòu] 名
メキシコ

mice [マイス máis] 名 mouse (はつかねずみ)の複数形

milk [ミルク mílk] 名
ミルク，牛乳

How about a glass of milk?
— No, thanks.
(牛乳を1ぱいいかが？ —— いや，いいよ.)

million [ミリャン míljən] 名
100万

――形
100万の, たくさんの, 無数の

mine [マイン máin] 代
わたしのもの

Whose bag is this? — It's mine.
[フーズ　バッグ　イズ　ズィス　　イッツ　マイン]
(これはだれのかばん？ ―― わたしのよ.)

minute [ミニット mínit] 名 (複数) minutes ミニッツ

❶ 分 (☆時間の単位)

How long does it take by bus? — About thirty minutes.
[ハウ　ロング　ダズ　イット　テイク　バイ　バス　　アバウト　サーティ　ミニッツ]
(バスでどのくらいの時間がかかるの？ ―― 約30分だよ.)

❷ ちょっとの間

Are you ready? — Just a minute.
[アー　ユー　レディ　　ジャスト　ア　ミニット]
(用意はいい？ ―― ちょっと待って.)

mirror [ミラァ mírər] 名 (複数) mirrors ミラァズ
鏡

Who broke the mirror? — I don't know.
[フー　ブロウク　ザ　ミラァ　　アイ　ドゥント　ノウ]
(だれが鏡をわったの？ ―― 知らないよ.)

Miss—mom 156

Miss [ミス mís] 名
～さん，～嬢，～先生（☆未婚の女性の姓または姓名につける）

Who teaches English?
[フー ティーチズ イングリッシュ]
— Miss Green.
[ミス グリーン]
(だれが英語を教えているの？
—— グリーン先生だよ．)

miss [ミス mís] 動 三単 misses 過去 missed 現分 missing
のがす，見のがす，乗りそこなう

I'm sorry I'm late. I missed the train.
[アイム ソリィ アイム レイト アイ ミスト ザ トゥレイン]
(おくれてごめんなさい．電車に乗りそこなったの．)

model [モドゥル mádl] 名 複数 models
模型，手本，モデル

Is your sister a model?
[イズ ユア スィスタァ ア モドゥル]
— Yes, she is.
[イェス シー イズ]
(あなたのお姉さんはモデルなの？ —— そうよ．)

mom [マム mám] 名 複数 moms
お母さん，ママ 対 dad（お父さん）

Good night, Mom. — Good night.
[グッド ナイト マム グッド ナイト]
(おやすみなさい，お母さん． —— おやすみ．)

Monday [マンデイ mǽndei] 名 複数 Mondays

月曜日 (☆Mon. と略す)

What day is it today? — It's Monday.
[ホワット デイ イズ イット トゥデイ イッツ マンデイ]
(きょうは何曜日？ — 月曜日だよ.)

money [マニィ mǽni] 名

お金

How much money do you have?
[ハウ マッチ マニィ ドゥ ユー ハヴ]
— I have 500 yen.
[アイ ハヴ ファイヴハンドゥレッド イェン]
(いくらお金をもってる？ — 500円もってるよ.)

monkey [マンキィ mǽŋki] 名 複数 monkeys

さる

month [マンス mǽnθ] 名 複数 months

(1月から12月までの) 月, 1か月

I'm going to New York next month.
[アイム ゴウイング トゥ ニュー ヨーク ネクスト マンス]
(わたしは来月ニューヨークに行きます.)

moon [ムーン múːn] 名

月 (☆ふつう the をつける)

The moon goes around the earth.
[ザ ムーン ゴウズ アラウンド ズィ アース]
(月は地球のまわりをまわっています.)

more — most

more [モーァ mɔ́ːr] 形 many, much の比較級

もっと多くの

Can I have more milk? — Sure.
[キャン アイ ハヴ モーァ ミルク シュア]
(もっと牛乳をもらえる？ ── ええ．)

morning [モーニング mɔ́ːrniŋ] 名

朝, 午前 (☆ふつう夜明けから正午までをいう)

I have a test tomorrow morning.
[アイ ハヴ ア テスト トゥモロウ モーニング]
(あしたの午前, テストがあるんだ．)

★Good morning. おはよう

Good morning, Mr. Brown. — Good morning, Ken.
[グッド モーニング ミスタァ ブラウン グッド モーニング ケン]
(おはようございます, ブラウンさん. ── おはよう, ケン.)

★in the morning 朝, 午前, 午前に

I get up early in the morning.
[アイ ゲット アップ アーリィ イン ザ モーニング]
(わたしは朝早く起きます．)

Moscow [マスコウ máskou] 名

モスクワ (☆ロシアの首都)

most [モウスト móust] 形 many, much の最上級

❶ もっとも多くの (☆ふつう the をつける)

❷ たいていの, 大部分の

Most children like animals.
[モウスト チルドゥレン ライク アニマルズ]
(たいていの子どもは動物が好きです．)

mother [マザァ mʌ́ðər] 名 複数 mothers

母, 母親　対 father (父)

Who is that woman? — That's Mike's mother.
[フー イズ ザット ウマン　ザッツ マイクス マザァ]
(あの女の人はだれ？ ── あれはマイクのお母さんだよ.)

mountain [マウンテン máuntən] 名 複数 mountains

山

Look at that mountain.
[ルック アット ザット マウンテン]
— Oh, it's beautiful.
[オウ イッツ ビューティフル]
(あの山を見て. ── わあ, きれいだね.)

mouse [マウス máus] 名 複数 mice

はつかねずみ (☆rat よりも小さなものをいう)

mouth [マウス máuθ] 名 複数 mouths

口

Open your mouth.
[オウプン ユア マウス]
(口をあけて.)

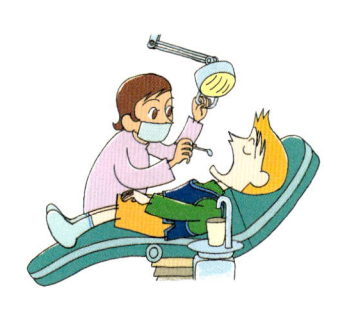

move — Mrs.　　160

move [ムーヴ múːv] 動 三単 moves 過去 moved 現分 moving
動く，ひっこしをする，〜を動かす

Don't move!
[ドウント　ムーヴ]
(動いちゃだめ！)

movie [ムーヴィ múːvi] 名 複数 movies
映画

Let's go to the movies. — Sounds great!
[レッツ　ゴウ　トゥ　ザ　ムーヴィズ　　サウンズ　グレイト]
(映画を見に行こう．—— そうしよう！)

Mr. [ミスタァ místər] 名
〜さん，〜氏，〜先生（☆男性の姓または姓名につける）

Does Mr. Brown speak Japanese?
[ダズ　ミスタァ　ブラウン　スピーク　ジャパニーズ]
— Yes, he speaks it very well.
[イェス　ヒー　スピークス　イット　ヴェリィ　ウェル]
(ブラウンさんは日本語を話す？
—— うん，とてもじょうずに話すよ．)

Mrs. [ミセズ mísiz] 名
〜さん，〜夫人，〜先生（☆結婚している女性の姓または姓名につける）

Good-bye, Mrs. White.
[グッドバイ　　ミセズ　ホワイト]
— Bye.　See you on Monday.
[バイ　　スィー　ユー　オン　マンデイ]
(さよなら，ホワイト先生．
—— さよなら．月曜日に会いましょう．)

Ms. [ミズ míz] 名

~さん，~先生（☆結婚に関係なく女性の姓または姓名につける）

Yumi, this is Ms. Mary Smith. — Nice to meet you.
[ユミ ズィス イズ ミズ メアリィ スミス ナイス トゥ ミート ユー]
(ユミ，こちらはメアリー・スミスさんです． — はじめまして．)

Mt. [マウント máunt] 名

~山（☆山の名前につける）

Mt. Fuji is a very beautiful mountain.
[マウント フジ イズ ア ヴェリィ ビューティフル マウンテン]
(富士山はとても美しい山です．)

much [マッチ mʌ́tʃ] 形 比較 more 最上 most

(量が) 多くの，たくさんの

— 副 比較 more 最上 most

たいへん，とても

I like this song very much. — Me, too.
[アイ ライク ズィス ソーング ヴェリィ マッチ ミー トゥー]
(わたし，この曲がとても好きなの． — わたしも．)

museum [ミューズィーアム mjuːzíːəm] 名 複数 museums

博物館，美術館

Where are you going tomorrow?
[ホウェア アー ユー ゴウイング トゥモロウ]

— We're going to the museum.
[ウィア ゴウイング トゥ ザ ミューズィーアム]

(あしたはどこへ行くの？
— 博物館に行くんだ．)

music [ミューズィック mjúːzik] 名

音楽, (科目の)音楽

Do you like classical music?
— Yes, I do.
(きみはクラシック音楽が好き？
— うん, 好きよ.)

musician [ミューズィシャン mjuːzíʃən] 名 複数 musicians

音楽家, ミュージシャン

Do you know John?
— Yes. He is a great musician.
(きみはジョンを知っている？
— うん. 彼は偉大なミュージシャンだ.)

must [マスト mʌ́st] 助

～しなければならない

You must finish your homework before supper. — OK.
(晩ごはんの前に宿題を終わらせなくてはいけませんよ. — わかった.)

my [マイ mái] 代

わたしの

Where is my cake?
[ホウェア イズ マイ ケイク]
— Here you are.
[ヒア ユー アー]
(わたしのケーキはどこ？ —— はい，どうぞ．)

myself [マイセルフ maisélf] 代

わたし自身，わたし自身で

I made this doll myself. — Great!
[アイ メイド ズィス ドル マイセルフ グレイト]
(この人形，自分でつくったのよ．—— すごいね！)

name — national

N n
[エヌ én]

A B C D E F G H I J K L M **N** O P Q R S T U V W X Y Z
a b c d e f g h i j k l m **n** o p q r s t u v w x y z

name [ネイム néim] 名 複数 names

名前

What's your name?
[ホワッツ ユア ネイム]
— I'm Lucy.
[アイム ルースィ]
(あなたの名前はなんですか？
— わたしはルーシーです．)

national [ナショナル nǽʃənəl] 形

国の，国民的な

What is the national flower of Japan?
[ホワット イズ ザ ナショナル フラウア オヴ ジャパン]
— Cherry blossoms.
[チェリィ ブロッサムズ]
(日本の国花はなんですか？ — さくらです．)

near [ニア níər] 形 (比較) nearer (最上) nearest

近い

Is the park near? — Yes. It's just around the corner.
[イズ ザ パーク ニア　イェス　イッツ ジャスト アラウンド ザ コーナァ]
(公園は近いの？ —— うん．ちょうどその角をまがったところだよ．)

—— 前

〜の近くに

Where is the post office?
[ホウェア イズ ザ ポウスト オーフィス
— It's near the station.
イッツ ニア ザ ステイション]
(郵便局はどこですか？
—— 駅の近くです．)

neck [ネック nék] 名 (複数) necks

首

need [ニード níːd] 動 (三単) needs (過去) needed (現分) needing

〜を必要とする

How much milk do you need? — One cup, please.
[ハウ マッチ ミルク ドゥ ユー ニード　ワン カップ プリーズ]
(牛乳はどのくらい必要？ —— 1カップ，おねがい．)

nervous―news

nervous [ナーヴァス néːrvəs] 形

緊張している，びくびくしている

Are you ready?
[アー ユー レディ]
― No, I'm not. I'm nervous.
[ノウ アイム ノット アイム ナーヴァス]
(用意はいい？
―― ううん，まだ．わたし緊張してるの．)

never [ネヴァ névər] 副

けっして〜ない，いちども〜ない

I will never forget you.
[アイ ウィル ネヴァ フォゲット ユー]
(きみのことはけっしてわすれないよ．)

new [ニュー n(j)úː] 形 比較 newer 最上 newest

新しい 対 old（古い）

What do you want?
[ホワット ドゥ ユー ワント]
― I want a new bike!
[アイ ワント ア ニュー バイク]
(きみはなにがほしい？
―― 新しい自転車がほしい！)

news [ニューズ n(j)úːz] 名

ニュース，変わったこと

Let's watch the news on TV.
[レッツ ワッチ ザ ニューズ オン ティーヴィー]
(テレビでニュースを見よう．)

newspaper [ニューズペイパァ n(j)ú:zpèipər] 名 複数 newspapers

新聞(☆単に paper ともいう)

Do you read the newspaper every day?
[ドゥ ユー リード ザ ニューズペイパァ エヴリィ デイ]
— Yes, I do.
[イェス アイドゥー]
(きみは新聞を毎日読んでる？ ── うん，読んでるよ．)

New York [ニュー ヨーク n(j)ù: jɔ́:rk] 名

ニューヨーク(☆アメリカ合衆国の大都市)，ニューヨーク州

New York is a large city.
[ニュー ヨーク イズ ア ラージ スィティ]
(ニューヨークは大きな都市です．)

next [ネクスト nékst] 形

次の，こんどの　対 last (この前の)

Let's go to London next summer!
[レッツ ゴウ トゥ ランドン ネクスト サマァ]
— Yes! Let's go!
[イェス レッツ ゴウ]
(こんどの夏，ロンドンに行こう！
── うん！行こう！)

メモ　next をつかった次のような言いかたをおぼえておきましょう．
next week (来週)，next month (来月)，next year (来年)

nice [ナイス náis] 形

すてきな，すばらしい

Your dress is nice. — Thank you.
[ユア ドゥレス イズ ナイス サンク ユー]
(きみのドレス，すてきだね． ── ありがとう．)

night [ナイト náit] 名 (複数)nights

夜, 晩

Do you study at night? — Yes, I do.
[ドゥ ユー スタディ アット ナイト   イェス アイドゥー]
(きみは夜, 勉強をする？ ── うん, するよ.)

*__Good night.__ おやすみなさい

Good night, Dad. — Good night.
[グッド   ナイト   ダッド   グッド   ナイト]
(おやすみなさい, お父さん. ── おやすみ.)

nine [ナイン náin] 名

9, 9時

I go to bed at nine.
[アイ ゴウ トゥ ベッド アット ナイン]
(ぼくは9時に寝ます.)

──形
9の, 9才で

nineteen [ナインティーン nàintí:n]

──名 19 ──形 19の, 19才で

ninety [ナインティ náinti] 名

──名 90 ──形 90の, 90才で

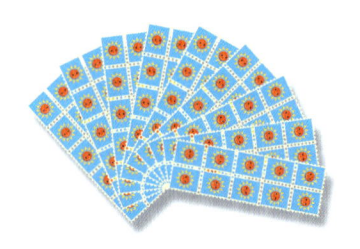

辞書引きの練習

この辞典を使って辞書引きの練習をしてみましょう。

STEP 1

次の文字をアルファベット順にならべて書きましょう。

① c, a, d, b ⇒ a — b — c — d

② h, f, g, e ⇒ ☐ — ☐ — ☐ — ☐

③ j, l, i, k ⇒ ☐ — ☐ — ☐ — ☐

④ p, n, m, o ⇒ ☐ — ☐ — ☐ — ☐

⑤ t, u, s, q, r ⇒ ☐ — ☐ — ☐ — ☐ — ☐

⑥ w, z, x, y, v ⇒ ☐ — ☐ — ☐ — ☐ — ☐

くもんの はじめての英和じてん

STEP 2

次の単語を辞書に出てくる順にならべて書きましょう。書いたら、それぞれの単語を辞書で引いて、その意味を書きましょう。

park

desk

school

apple

house

① apple　　意味（　　　　）

②　　　　　意味（　　　　）

③　　　　　意味（　　　　）

④　　　　　意味（　　　　）

⑤　　　　　意味（　　　　）

単語の最初の文字に注目しよう。
見出し語はアルファベット順にならんでいるんだよ。

STEP 3

次の単語を辞書に出てくる順にならべて書きましょう。書いたら、それぞれの単語を辞書で引いて、その意味を書きましょう。

b<u>u</u>s   ① _____ 意味 (   )

b<u>o</u>ok   ② _____ 意味 (   )

b<u>i</u>ke   ③ _____ 意味 (   )

b<u>a</u>t   ④ _____ 意味 (   )

b<u>r</u>ead   ⑤ _____ 意味 (   )

単語の2番目の文字に注目しよう。
2番目の文字もアルファベット順にならんでるよ。

STEP 4

次の①〜④の文の下線を引いた単語を辞書で調べて、その意味を(　)に書きましょう。

① Finish your homework. ⇒ (　　　　)

わからない単語が出てきたら、辞書を引いて意味を調べよう。

② I don't like carrots. ⇒ (　　　　)

carrots は carrot の変化形（複数形）だよ。原形（もとの形）の carrot で意味を調べよう。

③ She reads many books. ⇒ (　　　　)

reads は read の変化形（三人称単数現在形）だよ。原形の read で意味を調べよう。

④ Let's have lunch. ⇒ (　　　　)

have には意味がいくつかあるから注意してね。ここではどの意味で使われているのかな？

[上の英文の訳]　① 「宿題を終わらせなさい」　　　　③ 「彼女はたくさんの本を読む」
　　　　　　　　② 「ぼくはにんじんは好きじゃない」　④ 「お昼ごはんを食べよう」

ninth [ナインス náinθ] 形

9番目の

September is the ninth month of the year.
[セプテンバァ イズ ザ ナインス マンス オヴ ザ イア]
(9月は1年のうちの9番目の月です.)

—名

(月の) 9日, 9番目

no [ノウ nóu] 副

いいえ (☆返事) 対 yes (はい)

Are you hungry? — No, I'm not.
[アー ユー ハングリィ ノウ アイム ノット]
(おなかすいてる? — ううん, すいてないよ.)

—形

ひとつも〜ない, だれも〜ない, ぜんぜん〜ない

I have no money now.
[アイ ハヴ ノウ マニィ ナウ]
(いまはぜんぜんお金をもってないんだ.)

noodle [ヌードゥル nú:dl] 名 複数 noodles

めん類, ヌードル (☆ふつう noodles の形でつかう)

Do you like noodles? — Yes, I do.
[ドゥ ユー ライク ヌードゥルズ イェス アイドゥー]
(めん類は好き? — うん, 好きだよ.)

noon [ヌーン nú:n] 名

正午

Come back before noon. — All right.
[カム バック ビフォーア ヌーン オール ライト]
(正午前に帰ってきなさい. — はい.)

north [ノース nɔ́ːrθ] 名

北（☆ふつう the をつける）　対 south（南）

　Where is Fukuoka?
　[ホウェア　イズ　　フクオカ]
　— It is in the north of Kyushu.
　[イットイズイン　ザ　　ノース　オヴ　キューシュー]
（福岡はどこ？ — 九州の北部だよ．）

nose [ノウズ nóuz] 名 複数 noses

鼻

not [ノット nát] 副

〜ではない，〜しない

　I am not sleepy.
　[アイ　アム　ノット　スリーピィ]
（ぼくはねむくないよ．）
　I do not play baseball.
　[アイ ドゥ　ノット　プレイ　　ベイスボール]
（ぼく，野球はしないんだ．）

notebook [ノウトブック nóutbùk] 名 複数 notebooks

ノート

　Write some English words in your notebook.
　[ライト　　　サム　　イングリッシュ　ワーズ　イン　　ユア　　　ノウトブック]
（英語の単語をいくつかノートに書きなさい．）

nothing [ナスィング nʌ́θiŋ] 代

なにも〜ない

　What do you have in your hands?　— Nothing.
　[ホワット　ドゥ　ユー　　ハヴ　イン　ユア　　ハンズ　　　　　　ナスィング]
（手になにをもってるの？ — なんにももってないよ．）

November—nut

November [ノウヴェンバァ nouvémbɚ] 名
11月（☆Nov. と略す）

now [ナウ náu] 副
いま，現在

How about lunch?
[ハウ　アバウト　ランチ]
— Not now.
[ノット　ナウ]
（お昼ごはんにする？
　—— いまはいいよ．）

number [ナンバァ nʌ́mbɚ] 名 複数 numbers
数，番号

What is your telephone number?
[ホワット　イズ　ユア　テレフォウン　ナンバァ]
（きみの電話番号は何番？）

nurse [ナース nə́ːrs] 名 複数 nurses
看護師

What do you do?
[ホワット　ドゥ　ユー　ドゥー]
— I am a nurse.
[アイ　アム　ア　ナース]
（あなたはなんの仕事をしていますか？
　—— わたしは看護師です．）

nut [ナット nʌ́t] 名 複数 nuts
木の実，ナッツ

Oo

[オウ óu]

o'clock [オクロック əklák] 副

〜時

What time is it?
[ホワット タイム イズイット]
— It's two o'clock.
[イッツ トゥー オクロック]
(いま何時? — 2時だよ.)

October [オクトウバァ aktóubər] 名

10月 (☆ Oct. と略す)

of [オヴ əv／(強くいうとき) オヴ áv] 前

〜の, 〜のうちの

Do you know the name of that flower?
[ドゥ ユー ノウ ザ ネイム オヴ ザット フラウア]
— No, I don't.
[ノウ アイ ドウント]
(あの花の名前を知ってる?
— ううん, 知らない.)

off [オーフ ɔ́:f] 副

❶ はなれて，去って

I will get off at the next station. — All right.
[アイ ウィル ゲット オーフ アット ザ ネクスト ステイション　オール ライト]
(ぼくは次の駅でおりるよ． — わかった．)

❷ ぬいで，とって　対 on（身につけて）

Take off your coat.
[テイク オーフ ユア コウト]
(コートをぬいで．)

office [オーフィス ɔ́:fis] 名　複数 offices

事務所，会社

Where are you? — I'm at the office.
[ホウェア アー ユー　アイム アット ズィ オーフィス]
(どこにいるの？ — 会社にいるよ．)

often [オーフン ɔ́:fn] 副

しばしば，よく

I often watch baseball on TV.
[アイ オーフン ワッチ ベイスボール オン ティーヴィー]
(ぼくはよくテレビで野球を見ます．)

oh [オウ óu] 間

おお，まあ（☆おどろき・よろこび・悲しみなどをあらわす）

Look! — Oh! It's a lion.
[ルック　オウ　イッツ ア ライオン]
(見て！ — まあ！ライオンだわ．)

OK—old

OK [オウケイ òukéi] 副

よろしい，はい（☆okay ともつづる）

Can you close the window?
[キャン ユー クロウズ ザ ウィンドウ]

— OK.
[オウケイ]

(窓をしめてくれる？
— わかった．)

old [オウルド óuld] 形 比較 older [オウルダァ] 最上 oldest [オウルデスト]

❶ 年をとった，〜才の　対 young（若い）

That old man is Mr. Jones.
[ザット オウルド マン イズ ミスタァ ジョウンズ]

(あの老人はジョーンズさんです．)

How old is your dog?
[ハウ オウルド イズ ユア ドーグ]

— He is two years old.
[ヒー イズ トゥー イアズ オウルド]

(あなたの犬は何才？ — 2才だよ．)

❷ 古い　対 new（新しい）

My bike is very old. I want a new one.
[マイ バイク イズ ヴェリィ オウルド．アイ ワント ア ニュー ワン]

(ぼくの自転車，とても古いんだ．新しいのがほしいな．)

on [オン ən／(強くいうとき) オン án] 前

❶ ～の上に，～に接して
  Where is my watch?
  [ホウェア イズ マイ ワッチ]
  — It's on the table.
  [イッツ オン ザ テイブル]
  (ぼくの時計はどこ？
  —— テーブルの上よ．)

❷ ～に（☆曜日や特定の日をあらわす）
  When do you go to Kumon?
  [ホウェン ドゥ ユー ゴウ トゥ クモン]
  — On Mondays and Thursdays.
  [オン マンデイズ アンド サーズデイズ]
  (きみはいつ公文に行くの？
  —— 月曜日と木曜日よ．)

—— 副

身につけて，着て，かぶって，はいて　対 off（ぬいで）
  Put on your shoes. — All right.
  [プット オン ユア シューズ　オール ライト]
  (くつをはきなさい．—— はい．)

one [ワン wˈʌn] 名

1つ, 1, 1時

Count from one to ten.
[カウント フロム ワン トゥ テン]

— One, two, three ….
[ワン トゥー スリー]

(1から10まで数えてみて. — 1, 2, 3….)

―形

1つの, 1人の, 1才で

Do you have any sisters?
[ドゥ ユー ハヴ エニィ スィスタァズ]

— Yes. I have one sister.
[イェス アイ ハヴ ワン スィスタァ]

(女のきょうだいはいる？
— うん. 姉が1人いるわ.)

―代 (複数) ones [ワンズ]

もの (☆前に出たものをあらわす)

Which jacket do you want?
[ホウィッチ ジャケット ドゥ ユー ワント]

— I want this one.
[アイ ワント ズィス ワン]

(どのジャケットがほしい？
— このジャケットがほしいな.)

onion [アニャン ˈʌnjən] 名 (複数) onions [アニャンズ]

たまねぎ

only [オウンリィ óunli] 形

ただ1つの，ただ1人の

Do you have any brothers?
[ドゥ ユー ハヴ エニィ ブラザァズ]
— No. I am an only child.
[ノウ アイ アム アン オウンリィ チャイルド]
(男のきょうだいはいるの？
—— ううん．わたし，ひとりっ子なの．)

——副

単に，ただ，ほんの

I have ten cards. How about you?
[アイ ハヴ テン カーズ ハウ アバウト ユー]
— I have only four.
[アイ ハヴ オウンリィ フォーァ]
(ぼくは10まいカードをもってる．きみは？ —— ぼくは4まいしかないよ．)

oops [ウープス ú:ps] 間

おっと，しまった（☆失敗やへまをしたとき）

That's not sugar! — Oops! Sorry, Mom.
[ザッツ ノット シュガァ ウープス ソリィ マム]
(それは砂糖じゃないわ！ —— おっと！ ごめんなさい，お母さん．)

open [オウプン óupən] 動 三単 opens 過去 opened 現分 opening

ひらく，～をあける　対 close（～をしめる）

Can you open the door?
[キャン ユー オウプン ザ ドーァ]
— Sure.
[シュア]
(ドアをあけてくれる？ —— いいよ．)

or―other

or [オーァ ɔ:r] 接

あるいは，または

Juice or soda? ― Juice, please.
[ジュース オーァ ソゥダ　　ジューズ　プリーズ]

(ジュースにする？ それともソーダ？
―― ジュースをおねがいします.)

orange [オーレンジ ɔ:rindʒ] 名 (複数) oranges
オーレンジズ

オレンジ，オレンジ色

What fruit do you like?
[ホワット　フルート　ドゥ　ユー　ライク]

― I like oranges.
[アイ ライク　オーレンジズ]

(どのくだものが好き？
―― わたしはオレンジが好き.)

―形

オレンジの，オレンジ色の

other [アザァ ʌðər] 形

ほかの，もう一方の

Any other questions?
[エニィ　アザァ　クウェスチョンズ]

(ほかに質問は？)

―代 (複数) others
アザァズ

❶ ほかのもの，ほかの人たち (☆others の形でつかう)

Be kind to others.
[ビー　カインド トゥ　アザァズ]

(他人には親切にしなさい.)

❷ もう一方のもの (☆the other の形でつかう)

ouch [アウチ áutʃ] 間

いたい, あちっ (☆とつぜん痛みなどを感じたとき)

Ouch! — Are you all right?
[アウチ　アー　ユー　オール　ライト]
(いたい！ — だいじょうぶ？)

our [アウア áuər] 代

わたしたちの

Mrs. Smith is our English teacher.
[ミセズ　スミス　イズ　アウア　イングリッシュ　ティーチャァ]
(スミスさんはわたしたちの英語の先生です．)

ourselves [アウアセルヴズ auərsélvz] 代

わたしたち自身, わたしたち自身で

Let's paint the wall ourselves.
[レッツ　ペイント　ザ　ウォール　アウアセルヴズ]
(わたしたち自身でかべをぬりましょう．)

out [アウト áut] 副

外に, 外へ, 外出して 反in (中に)

Is Bob there?
[イズ　ボブ　ゼア]

— Sorry. He's out now.
[ソリィ　ヒーズ　アウト　ナウ]
(ボブはいますか？
— ごめんなさい．いま外出してるの．)

outside — over

outside [アウトサイド àutsáid] 名
外側, 外部　対 inside（内側）

— 副

外へ, 外で　対 inside（内へ）

It's sunny. Let's play outside. — All right.
[イッツ　サニィ　レッツ　プレイ　アウトサイド　オール　ライト]
（晴れてるね. 外で遊ぼうよ. — いいよ.）

oven [アヴン ʌ́vn] 名 複数 ovens
オーブン

I have a big oven.
[アイ　ハヴ　ア　ビッグ　アヴン]
（大きなオーブンがあります.）

over [オウヴァ óuvər] 前
〜の上に, 〜を越えて　対 under（〜の下に）

We're now flying over Mt. Fuji.
[ウィア　ナウ　フライング　オウヴァ　マウント　フジ]

— Really?
　　リーアリィ

（ぼくたちはいま富士山の上を飛んでるんだよ.
　— ほんと？）

★**over there**　あそこで, あそこに

Where is the bathroom?
[ホウェア　イズ　ザ　バスルーム]

— Over there.
　　オウヴァ　ゼア

（トイレはどこ？ — あそこよ.）

P p

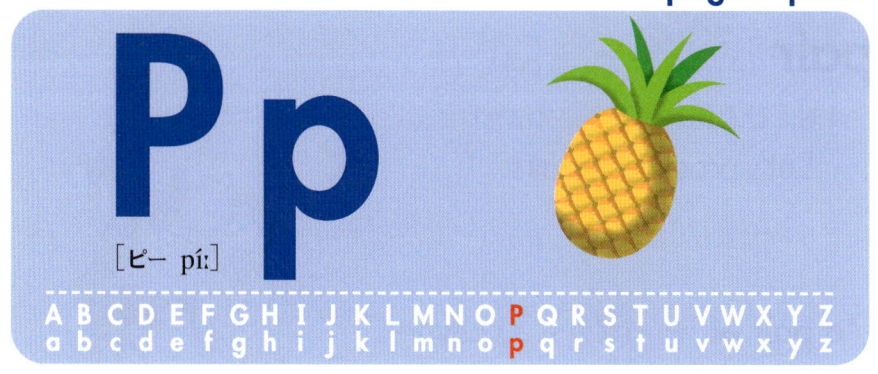

[ピー píː]

A B C D E F G H I J K L M N O **P** Q R S T U V W X Y Z
a b c d e f g h i j k l m n o **p** q r s t u v w x y z

page [ペイジ péidʒ] 名 (複数) pages

ページ

> Open your textbook to page 43.
> [オウプン ユア テクストブック トゥ ペイジ フォーティスリー]
> (教科書の43ページをあけてください．)

paint [ペイント péint] 動 (三単) paints (過去) painted (現分) painting

～を絵の具でかく，～にペンキをぬる

> Who painted this picture? — I did.
> [フー ペインティド ズィス ピクチャァ アイ ディド]
> (だれがこの絵をかいたの？ — わたしよ．)

pair [ペア péər] 名 複数 pairs

1対, ひと組, ペア (☆2つまたは2人からできているものをいう)

Let's practice in pairs.
[レッツ プラクティス イン ペアズ]
(ペアになって練習しましょう.)

★**a pair of ~** 1対の~, ひと組の~

What did you buy?
[ホワット ディド ユー バイ]

— A pair of shoes.
[ア ペア オヴ シューズ]

(なにを買ったの?
—— くつを1足買ったよ.)

メモ pair は, 2つを1組にしてつかう「くつした」「手ぶくろ」などのほか, 2つの部分からできている「はさみ」「ズボン」「めがね」などにも用います.

panda [パンダ pǽndə] 名 複数 pandas

パンダ

pants [パンツ pǽnts] 名

ズボン (☆複数あつかい)

What do you want?
[ホワット ドゥ ユー ワント]

— I want those blue pants.
[アイ ワント ゾウズ ブルー パンツ]

(なにがほしい?
—— あの青いズボンがほしいな.)

paper [ペイパァ péipər] 名 (複数) papers

❶ 紙
Can I draw pictures on this paper? — Sure.
[キャン アイ ドゥロー ピクチャァズ オン ズィス ペイパァ シュア]
(この紙に絵をかいてもいい？ —— いいよ．)

❷ 新聞 (☆newspaper と同じ)

pardon [パードゥン páːrdn] 名

許し，もういちどおねがいします 
Where is the post office?
[ホウェア イズ ザ ポウスト オーフィス]
— Pardon?
[パードゥン]
(郵便局はどこですか？
—— えっ？ もういちど言ってくれますか？)

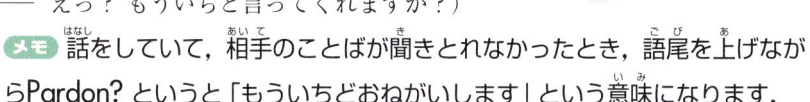

メモ 話をしていて，相手のことばが聞きとれなかったとき，語尾を上げながらPardon? というと「もういちどおねがいします」という意味になります．

parent [ペアレント péərənt] 名 (複数) parents

親，(parents で) 両親
Are your parents at home today?
[アー ユア ペアレンツ アット ホウム トゥデイ]
— Yes, they are.
[イェス ゼイ アー]
(きみのご両親はきょう家にいますか？
—— はい，います．)

Paris [パリス pǽris] 名

パリ（☆フランスの首都）

We will stay in Paris for a week.
[ウィー ウィル ステイ イン パリス フォア ア ウィーク]
（わたしたちはパリに1週間滞在するつもりです．）

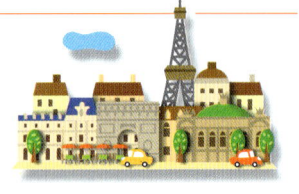

park [パーク páːrk] 名 (複数) parks

公園

Where are you going?
[ホウェア アー ユー ゴウイング]

— I'm going to the park.
[アイム ゴウイング トゥ ザ パーク]
（どこへ行くの？ —— 公園へ行くんだ．）

party [パーティ páːrti] 名 (複数) parties

パーティー，会，集まり

What time will the party start?
[ホワット タイム ウィル ザ パーティ スタート]

— At five.
[アット ファイヴ]
（パーティーは何時にはじまるの？ —— 5時だよ．）

pass [パス pǽs] 動 (三単) passes (過去) passed (現分) passing

❶ 通る，（時間が）たつ
❷ 手わたす，（ボールを）パスする

Will you pass me the salt?
[ウィル ユー パス ミー ザ ソールト]

— OK. Here you are.
[オウケイ ヒア ユー アー]
（お塩をとってくれる？ —— はい．どうぞ．）

pasta [パースタ pάːstə] 名
パスタ（☆スパゲッティ・マカロニなど）

P.E. [ピーイー píːíː] 名
体育（☆physical education の略）

What subjects do you like?
[ホワット サブジェクツ ドゥ ユー ライク]
— I like P.E.
[アイ ライク ピーイー]
（きみはなんの科目が好き？
 — ぼくは体育が好き．）

peach [ピーチ píːtʃ] 名 (複数) peaches
もも

I like grapes. How about you?
[アイ ライク グレイプス ハウ アバウト ユー]
— I like peaches.
[アイ ライク ピーチズ]
（わたしはぶどうが好き．あなたは？
 — わたしはももが好き．）

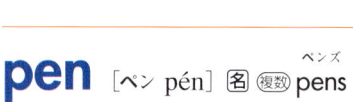

pear [ペア péər] 名 (複数) pears
洋なし

pen [ペン pén] 名 (複数) pens
ペン

Whose pen is this? — It's mine.
[フーズ ペン イズ ズィス イッツ マイン]
（これはだれのペン？ — わたしのよ．）

pencil — pepper

pencil [ペンスル pénsl] 名 (複数) pencils
えんぴつ

How many pencils do you have?
[ハウ メニィ ペンスルズ ドゥ ユー ハヴ]
— I have ten.
[アイ ハヴ テン]
(あなたは何本えんぴつをもってる？
—— 10本もってるよ．)

penguin [ペングウィン péngwin] 名 (複数) penguins
ペンギン

people [ピープル pí:pl] 名
人びと (☆複数あつかい)

How many people are coming to the party?
[ハウ メニィ ピープル アー カミング トゥ ザ パーティ]
— About ten.
[アバウト テン]
(パーティーには何人の人が来るの？
—— 10人ぐらいだよ．)

pepper [ペパァ pépər] 名
こしょう

Do you need pepper?
[ドゥ ユー ニード ペパァ]
— No, thanks.
[ノウ サンクス]
(こしょうは必要？
—— いいえ，いらないわ．)

perfect [パーフェクト pə́ːrfikt] 形

完全な，完ぺきな

Your answer is perfect.
[ユア アンサァ イズ パーフェクト]
(きみの答えは完ぺきだね．)

pet [ペット pét] 名 複数 pets

ペット

Do you have any pets?
[ドゥ ユー ハヴ エニィ ペッツ]
— Yes. I have two rabbits.
[イェス アイ ハヴ トゥー ラビッツ]
(なにかペットを飼ってる？ — ええ．うさぎを2ひき飼ってるの．)

phone [フォウン fóun] 名 複数 phones

電話，電話機（☆telephone の略）

Will you answer the phone, Yumi? — OK.
[ウィル ユー アンサァ ザ フォウン ユミ オウケイ]
(ユミ，電話に出てくれる？ — はい．)

pianist [ピアニスト píənist／ピアニスト piǽnist] 名 複数 pianists

ピアニスト，ピアノをひく人

She is a famous pianist.
[シー イズ ア フェイマス ピアニスト]
(彼女は有名なピアニストです．)

piano

piano [ピアノウ piǽnou] 名 複数 pianos

ピアノ

Do you play the piano? — Yes, I do.
[ドゥ ユー プレイ ザ ピアノウ イェス アイ ドゥー]
(きみはピアノをひく？ — ええ，ひくわ．)

picnic

picnic [ピクニック píknik] 名 複数 picnics

ピクニック，野外での食事

How about a picnic next Sunday?
[ハウ アバウト ア ピクニック ネクスト サンデイ]
— That's nice.
[ザッツ ナイス]
(こんどの日曜日にピクニックに行かない？ — それはいいね．)

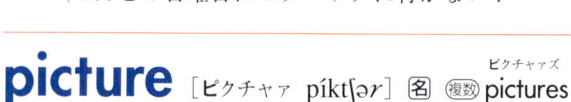

picture

picture [ピクチャァ píktʃər] 名 複数 pictures

絵，写真

Who painted this picture? — Yumi did.
[フー ペインティド ズィス ピクチャァ ユミ ディド]
(だれがこの絵をかいたの？ — ユミだよ．)

Did you take these pictures?
[ディド ユー テイク ズィーズ ピクチャァズ]
— No. My father did.
[ノウ マイ ファーザァ ディド]
(きみがこれらの写真をとったの？ — いや．ぼくのお父さんがとったんだよ．)

pie

pie [パイ pái] 名 複数 pies

パイ

I want apple pie. — OK. I'll make it.
[アイ ワント アプル パイ オウケイ アイル メイク イット]
(アップルパイが食べたいな． — いいわ．わたしがつくってあげる．)

pig [ピッグ píg] 名 複数 pigs
ぶた

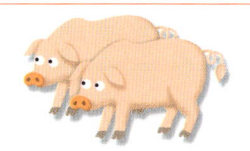

pilot [パイロット páilət] 名
パイロット

pineapple [パイナプル páinæpl] 名 複数 pineapples
パイナップル

This pineapple is very sweet.
[ズィス　パイナプル　イズ　ヴェリィ　スウィート]
(このパイナップル, とてもあまいね.)

ping-pong [ピングパング píŋpáŋ] 名
卓球

pink [ピンク píŋk] 名
ピンク色

—形
ピンク色の

Do you have a pink dress? — No, I don't.
[ドゥ　ユー　ハヴ　ア　ピンク　ドゥレス　　ノウ　アイ　ドウント]
(ピンクのドレスをもってる？ — ううん, もってないわ.)

pizza [ピーツァ píːtsə] 名 複数 pizzas
ピザ

Who wants pizza? — I do.
[フー　ワンツ　ピーツァ　　アイドゥー]
(ピザがほしい人は？ — はい.)

place [プレイス pléis] 名 (複数) places

場所, 所

Do you like this place? — Yes. It's beautiful.
[ドゥ ユー ライク ズィス プレイス　　イェス　イッツ　ビューティフル]
(この場所, 気に入った？ —— うん. きれいだね.)

plan [プラン plǽn] 名 (複数) plans

計画

What is your plan for this weekend? — Shopping.
[ホワット イズ ユア　プラン フォア ズィス　ウィーケンド　　ショピング]
(この週末の計画はなに？ —— 買いものをするの.)

—動 (三単) plans (過去) planned (現分) planning

～を計画する

Let's plan a party. — Sounds great.
[レッツ　プラン ア パーティ　　サウンズ　グレイト]
(パーティーを計画しよう. —— いいね.)

plane [プレイン pléin] 名 (複数) planes

飛行機 (☆airplane ともいう)

We will go to Sapporo by plane.
[ウィー ウィル ゴウ トゥ サッポロ バイ プレイン]
(わたしたちは飛行機で札幌に行きます.)

plate [プレイト pléit] 名 (複数) plates

皿

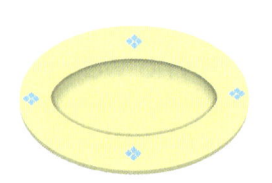

play [プレイ pléi] 動 三単 plays 過去 played 現分 playing

❶ 遊ぶ

Let's play in the park. — All right.
[レッツ プレイ イン ザ パーク オール ライト]
(公園で遊ぼうよ. — うん.)

❷ (競技・ゲームなど) をする

Do you play baseball? — Yes, I do.
[ドゥ ユー プレイ ベイスボール イェス アイドゥー]
(きみは野球をする? — うん, するよ.)

❸ 〜を演奏する, ひく

Who plays the piano? — Yumi does.
[フー プレイズ ザ ピアノウ ユミ ダズ]
(だれがピアノをひくの? — ユミだよ.)

player [プレイア pléiər] 名 複数 players

選手, 競技者

He's a basketball player. — Wow! He's tall!
[ヒーズ ア バスケットボール プレイア ワウ ヒーズ トール]
(彼はバスケットボールの選手なんだ. — わあ! 背が高いんだね!)

playground [プレイグラウンド pléigràund] 名 複数 playgrounds

遊び場, (学校の) 運動場

Where do you play soccer?
[ホウェア ドゥ ユー プレイ サカァ]
— We play at the playground.
[ウィー プレイ アット ザ プレイグラウンド]
(どこでサッカーをするの?
— 運動場でするんだよ.)

please

[プリーズ plíːz] 副

どうぞ（☆命令文で）

Please come in. (=Come in, **please**.)
[プリーズ カム イン カム イン プリーズ]
(どうぞ中に入ってください．)

pocket

[ポケット pákit] 名 複数 **pockets**

ポケット

What do you have in your **pocket**?
[ホワット ドゥ ユー ハヴ イン ユア ポケット]

— Some coins.
[サム コインズ]

(ポケットの中になにをもってるの？ ——〔何まいかの〕コインだよ．)

poem

[ポウエム póuəm] 名 複数 **poems**

詩

Did Yumi write this **poem**?
[ディド ユミ ライト ズィス ポウエム]

— Yes, she did.
[イェス シー ディド]

(ユミがこの詩を書いたの？ —— そうだよ．)

police

[ポリース pəlíːs] 名

警察

Where is the **police** box?
[ホウェア イズ ザ ポリース ボックス]

— Over there.
[オウヴァ ゼア]

(交番はどこですか？ —— あそこです．)

メモ 「警察官」は **police officer**, 「パトカー」は **police car** といいます．

pool [プール púːl] 名 (複数) pools

プール，水たまり

Where are you going?
— I'm going to the pool.
(どこに行くの？ — プールに行くんだよ．)

poor [プア púər] 形 (比較) poorer (最上) poorest

貧乏な，かわいそうな (対) rich (金持ちの)

He is not poor now.
(彼はいまは貧乏ではありません．)

pop [ポップ páp] 形

大衆むけの，ポピュラーの

Do you like Japanese pop music? — Yes, I do.
(日本のポピュラー音楽は好き？ — うん，好きだよ．)

popular [ポピュラァ pápjələr] 形

人気のある，大衆むけの，ポピュラーの

That singer is very popular among young people.
(あの歌手は若い人たちの間でとても人気があるんだ．)

pork [ポーク pɔ́ːrk] 名

ぶた肉

Do you eat pork? — Yes. I like it.
[ドゥ ユー イート ポーク　イェス アイ ライク イット]
(ぶた肉は食べますか. — ええ. 好きですよ)

post [ポウスト póust] 名

郵便, 郵便物

★post office 郵便局

Where are you going?
[ホウェア アー ユー ゴウイング]

— I'm going to the post office.
[アイム ゴウイング トゥ ザ ポウスト オーフィス]
(どこへ行くの？ — 郵便局へ行くんだよ.)

potato [ポテイトゥ pətéitou] 名 複数 potatoes

じゃがいも

Do you want potatoes? — No, thanks.
[ドゥ ユー ワント ポテイトウズ　ノウ サンクス]
(じゃがいもはいかが？ — いいえ, けっこうです.)

practice [プラクティス prǽktis] 動 三単 practices 過去 practiced 現分 practicing

練習する

When do you practice the piano?
[ホウェン ドゥ ユー プラクティス ザ ピアノウ]

— After school.
[アフタァ スクール]
(きみはいつピアノの練習をするの？
— 放課後よ.)

present [プレゼント prézənt] 名 複数 presents

おくり物, プレゼント

This is a present for you. — Thank you very much.
[ズィス イズ ア プレゼント フォア ユー　サンク ユー ヴェリィ マッチ]
(これ, きみへのプレゼント. — どうもありがとう.)

pretty [プリティ príti] 形 比較 prettier 最上 prettiest

かわいらしい, きれいな

Do you like that dress?
[ドゥ ユー ライク ザット ドゥレス]

— Yes. It's pretty.
[イェス イッツ プリティ]
(そのドレス, 気に入った?
— うん. きれいね.)

prince [プリンス príns] 名 複数 princes

王子 対 princess (王女)

princess [プリンセス prínsəs] 名 複数 princesses

王女 対 prince (王子)

They are the prince and princess of this country.
[ゼイ アー ザ プリンス アンド プリンセス オヴ ズィス カントゥリィ]
(彼らはこの国の王子と王女です.)

problem—pumpkin

problem [プロブレム prábləm] 名 複数 problems

もんだい
問題

★**No problem.** いいですよ，かまいません
Can you clean the kitchen? — No problem.
[キャン　ユー　クリーン　ザ　キチン　ノウ　プロブレム]
(キッチンをそうじしてくれる？ — いいよ．)

proud [プラウド práud] 形

ほこりに思って

Mr. Brown is proud of his sons.
[ミスタァ　ブラウン　イズ　プラウド　オヴ　ヒズ　サンズ]
(ブラウンさんは息子たちをほこりに思っています．)

pull [プル púl] 動 三単 pulls 過去 pulled 現分 pulling

引く，ひっぱる 対 push (押す)

Don't pull my arm.
[ドウント　プル　マイ　アーム]
(うでをひっぱらないで．)

pumpkin [パンプキン pʌ́mpkin] 名 複数 pumpkins

かぼちゃ

What vegetables do you like?
[ホワット　ヴェジタブルズ　ドゥ　ユー　ライク]

— I like pumpkins.
[アイ　ライク　パンプキンズ]
(どんな野菜が好き？ — かぼちゃが好き．)

purple [パープル pə́ːrpl] 名

むらさき色

— 形

むらさき色の

What color was her dress? — It was purple.
[ホワット カラァ ワズ ハー ドゥレス イット ワズ パープル]
(彼女のドレス, 何色だった? — むらさきだった.)

push [プッシュ púʃ] 動 三単 pushes 過去 pushed 現分 pushing

押す 対 pull(引く)

Don't push!
[ドウント プッシュ]
(押さないで!)

put [プット pút] 動 三単 puts 過去 put 現分 putting

～を置く

Put your bag here, please.
[プット ユア バッグ ヒア プリーズ]
— All right.
[オール ライト]
(ここにかばんを置いてください. — はい.)

★**put on ～** ～を着る, 身につける

It's cold today. Put on your coat.
[イッツ コウルド トゥデイ プット オン ユア コウト]
(きょうは寒いよ. コートを着なさい.)

queen—question

Q q
[キュー kjúː]

A B C D E F G H I J K L M N O P **Q** R S T U V W X Y Z
a b c d e f g h i j k l m n o p **q** r s t u v w x y z

queen [クウィーン kwíːn] 名 複数 queens

女王, 王妃　対 king (王)

She is the queen of this country.
[シー イズ ザ　クウィーン オヴ ズィス　カントゥリィ]
(彼女はこの国の女王です.)

question [クウェスチョン kwéstʃən] 名 複数 questions

質問, 問題　対 answer (答え)

Can I ask you a question? — Sure.
[キャン アイ アスク ユー ア　クウェスチョン　シュア]
(質問してもいいですか？ — いいよ.)

quickly [クウィクリィ kwíkli] 副

速く, すばやく, すぐに

Finish your homework quickly. — OK.
[フィニッシュ ユア ホウムワーク クウィクリィ オウケイ]
(すぐに宿題を終わらせなさい. — はい.)

quiet [クワイエト kwáiət] 形

静かな

Be quiet in this room. — Sorry.
[ビー クワイエト イン ズィス ルーム ソリィ]
(この部屋では静かにしてね. — ごめんなさい.)

R r
[アー á:r]

A B C D E F G H I J K L M N O P Q **R** S T U V W X Y Z
a b c d e f g h i j k l m n o p q **r** s t u v w x y z

rabbit [ラビット rǽbit] 名 複数 rabbits (ラビッツ)

うさぎ

My class has six rabbits.
[マイ クラス ハズ スィックス ラビッツ]
— Oh, that's nice.
[オウ ザッツ ナイス]
(わたしのクラスではうさぎを6ぴき飼ってるの．
— わあ，それはいいね．)

race [レイス réis] 名 複数 races (レイスィズ)

競走，レース

Let's have a race to the top of the hill. — OK.
[レッツ ハヴ ア レイス トゥ ザ トップ オヴ ザ ヒル オウケイ]
(丘の上まで競走しよう． — いいよ．)

racket [ラケット rǽkit] 名 複数 rackets (ラケッツ)

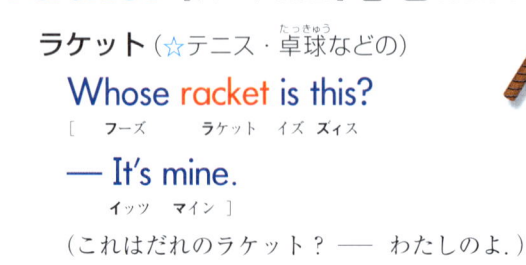

ラケット（☆テニス・卓球などの）

Whose racket is this?
[フーズ ラケット イズ ズィス]
— It's mine.
[イッツ マイン]
(これはだれのラケット？ — わたしのよ．)

radio [レイディオウ réidiou] 名 複数 radios
ラジオ

Do you listen to the radio? — Yes, I do.
[ドゥ ユー リスン トゥ ザ レイディオウ イェス アイドゥー]
(きみはラジオを聞く？ ── うん，聞くよ.)

rain [レイン réin] 名
雨

We have a lot of rain in June.
[ウィー ハヴ ア ロットオヴ レイン イン ジュン]
(6月には雨がよくふります.)

── 動 三単 rains 過去 rained 現分 raining

雨がふる (☆itを主語にして)

It's raining. We can't play baseball today.
[イッツ レイニング ウィー キャント プレイ ベイスボール トゥデイ]
(雨がふってるよ. きょうは野球はできないね.)

rainbow [レインボウ réinbòu] 名 複数 rainbows
にじ

Look! — Wow! It's a beautiful rainbow.
[ルック ワウ イッツ ア ビューティフル レインボウ]
(見て！ ── わあ！ きれいなにじね.)

rainy [レイニィ réini] 形
雨の，雨の多い

June is a rainy month in Japan.
[ジュン イズ ア レイニィ マンス イン ジャパン]
(日本では6月は雨の多い月です.)

rat [ラット rǽt] 名 複数 rats
ねずみ(☆大型のねずみをいう.小型のねずみは mouse)

read [リード ríːd] 動 三単 reads 過去 read 現分 reading
～を読む

What do you do in your free time?
[ホワット ドゥ ユー ドゥー イン ユア フリー タイム]
— I read books.
[アイ リード ブックス]
(ひまなときはなにをするの?
── 本を読むよ.)

ready [レディ rédi] 形
用意ができて

Are you ready? — Yes, I am.
[アー ユー レディ イェス アイ アム]
(用意はいい? ── うん,いいよ.)

really [リーアリィ ríːəli] 副
ほんとうに,ほんとう

She is really a good singer.
[シー イズ リーアリィ ア グッド スィンガァ]
(彼女はほんとうにいい歌手だね.)

I don't like chocolate. — Really?
[アイ ドウント ライク チョーコレット リーアリィ]
(チョコレートは好きじゃないの. ── ほんとう?)

receive [リスィーヴ risíːv] 動 (三単) receives (過去) received (現分) receiving

~を受けとる，受ける

I received an e-mail from Yumi.
［アイ　リスィーヴド　アン　イーメイル　フロム　ユミ　］
(わたしはユミからEメールをもらいました．)

red [レッド réd] 名

赤，赤色

—— 形

赤い

Which is your bike? —— The red one.
［ホウィッチ　イズ　ユア　バイク　　　ザ　レッド　ワン　］
(どっちがきみの自転車？ —— 赤いほうだよ．)

remember [リメンバァ rimémbər] 動
(三単) remembers (過去) remembered (現分) remembering

~をおぼえている，思いだす　(対) forget (~をわすれる)

Do you remember his phone number?
［ドゥ　ユー　　リメンバァ　　ヒズ　フォウン　ナンバァ　］

—— No, I don't.
［ノウ　アイ ドウント ］
(彼の電話番号，おぼえてる？
—— いや，おぼえてないよ．)

repeat [リピート ripíːt] 動 (三単) repeats (過去) repeated (現分) repeating

くりかえす，くりかえして言う

Please repeat after me.
［プリーズ　　リピート　アフタァ　ミー　］
(わたしのあとにつづいて言ってね．)

rest [レスト rést] 名 (複数)rests

休み, 休憩

I'm tired. Let's take a rest. — All right.
[アイム タイアド レッツ テイク ア レスト オール ライト]
(つかれちゃった. ひと休みしよう. — そうだね.)

restaurant [レストラント réstərənt] 名 (複数)restaurants

レストラン, 食堂

Let's have lunch at a restaurant.
[レッツ ハヴ ランチ アット ア レストラント]
— Sounds great!
[サウンズ グレイト]
(レストランでお昼ごはんを食べましょう. — いいね！)

return [リターン ritə́ːrn] 動 (三単)returns (過去)returned (現分)returning

もどる, 帰る, 〜をもどす

Did you return the book to the library?
[ディド ユー リターン ザ ブック トゥ ザ ライブレリィ]
— Sure.
[シュア]
(図書館にその本を返した？ — もちろん.)

ribbon [リボンríbən] 名 (複数)ribbons

リボン, ひも

Your ribbon is cute. — Thank you.
[ユア リボン イズ キュート サンク ユー]
(きみのリボンはかわいいね. — ありがとう.)

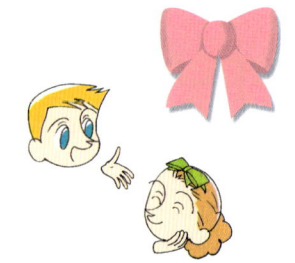

rice [ライス ráis] 名

米, ごはん

Do you like rice? — Yes, I do.
[ドゥ ユー ライク ライス　　イェス アイドゥー]
(ごはんは好き？ —— うん, 好きだよ.)

rich [リッチ rítʃ] 形　比較 richer　最上 richest

金持ちの, 豊かな　対 poor (貧乏な)

Mr. Jones is very rich.
[ミスタァ ジョウンズ イズ ヴェリィ リッチ]
(ジョーンズさんはとてもお金持ちです.)

ride [ライド ráid] 動　三単 rides　過去 rode　現分 riding

(乗り物など) に乗る

Can I ride the bike? — Yes, but be careful.
[キャン アイ ライド ザ バイク　　イェス バット ビー ケアフル]
(自転車に乗ってもいい？ —— うん, でも気をつけてね.)

right

right [ライト ráit] 副

❶ 右に 対left(左に)

Turn right at the second corner. — I see.
[ターン ライト アット ザ セカンド コーナァ アイ スィー]
(2番目の角を右にまがってください. — わかりました.)

❷ ちょうど, すぐ

Where is the bus stop?
[ホウェア イズ ザ バス ストップ]
— Right over there.
[ライト オウヴァ ゼア]
(バスの停留所はどこですか?
— ちょうどあそこです.)

——形

❶ 右の 対left(左の)

I cut my right hand. — Oh, that's too bad.
[アイ カット マイ ライト ハンド オウ ザッツ トゥー バッド]
(右手を切っちゃった. — まあ, それはたいへん.)

❷ 正しい, 適切な

This is the right answer.
[ズィス イズ ザ ライト アンサァ]
(これが正しい答えです.)

——名

右, 右側 対left(左)

The bookstore is on your right.
[ザ ブックストーア イズ オン ユア ライト]
(本屋さんはあなたの右側にあります.)

ring [リング rín] 名 複数 rings
指輪, 輪

river [リヴァ rívər] 名 複数 rivers
川

Let's swim in that river. — No. It's dangerous.
[レッツ スウィム イン ザット リヴァ ノウ イッツ デインジャラス]
(あの川で泳ごう. — だめだよ. 危険だよ.)

road [ロウド róud] 名 複数 roads
道路

Don't play on the road.
[ドウント プレイ オン ザ ロウド]
(道路で遊んじゃだめよ.)

Rome [ロウム róum] 名
ローマ(☆イタリアの首都)

I like Rome. It's a beautiful city.
[アイ ライク ロウム イッツ ア ビューティフル スィティ]
(わたしはローマが好きです. とても美しい都市です.)

room [ルーム rú:m] 名 複数 rooms
部屋

Whose room is this?
[フーズ ルーム イズ ズィス]

— My room.
[マイ ルーム]
(ここはだれの部屋? — わたしの部屋よ.)

rose—run

rose [ロウズ róuz] 名 (複数) roses
ばら

What flower do you like the best?
[ホワット フラウア ドゥ ユー ライク ザ ベスト]
— Red roses.
[レッド ロウズィズ]
(なんの花がいちばん好き？ — 赤いばら.)

round [ラウンド ráund] 形
まるい

The earth is round.
[ズィ アース イズ ラウンド]
(地球はまるい.)

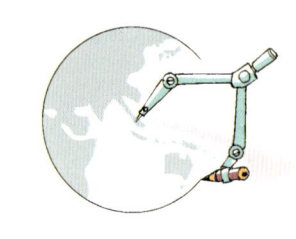

rugby [ラグビィ rǽgbi] 名
ラグビー

Rugby is my favorite sport.
[ラグビィ イズ マイ フェイヴァリット スポート]
(ラグビーはぼくのいちばん好きなスポーツです.)

run [ラン rʌ́n] 動 (三単) runs (過去) ran (現分) running
走る

Let's run to the station! — OK.
[レッツ ラン トゥ ザ ステイション オウケイ]
(駅まで走ろう！ — いいよ.)

S s
[エス és]

A B C D E F G H I J K L M N O P Q R **S** T U V W X Y Z
a b c d e f g h i j k l m n o p q r **s** t u v w x y z

sad
[サッド sǽd] 形 比較 sadder 最上 saddest
悲しい

Are you sad? — No, I'm not.
［アー ユー サッド ノウ アイム ノット］
(悲しいの？ — いや，そんなことないよ．)

salad
[サラッド sǽləd] 名
サラダ

How about some salad?
［ハウ アバウト サム サラッド］
— Yes, please.
［イェス プリーズ］
(サラダはいかが？ — うん，おねがい．)

salt
[ソールト sɔ́ːlt] 名
塩，食塩

How much salt do you need?
［ハウ マッチ ソールト ドゥ ユー ニード］
— One teaspoon, please.
［ワン ティースプーン プリーズ］
(塩はどのくらい必要？ — 小さじ1ぱい，おねがい．)

salty—Saturday 210

salty [ソールティ sɔ́:lti] 形
塩(しお)からい

How is it? — It's salty.
[ハウ イズ イット イッツ ソールティ]
(どう？ —— 塩(しお)からいよ.)

same [セイム séim] 形
同(おな)じ (☆ふつう the をつける) 対different (ちがう)

We are in the same class.
[ウィー アー イン ザ セイム クラス]
(ぼくたち, 同(おな)じクラスなんだ.)

sandwich [サンドウィッチ sǽndwitʃ] 名 複数 sandwiches
サンドイッチ

Who wants a sandwich? — I do.
[フー ワンツ ア サンドウィッチ アイ ドゥー]
(サンドイッチがほしいのはだれ？ —— わたしです.)

Saturday [サタデイ sǽtərdei] 名 複数 Saturdays
土曜日(どようび) (☆Sat. と略(りゃく)す)

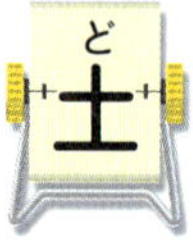

When do you practice the piano?
[ホウェン ドゥ ユー プラクティス ザ ピアノウ]
— On Saturdays.
[オン サタデイズ] 
(きみはいつピアノを練習(れんしゅう)するの？
—— 土曜日(どようび)よ.)

say [セイ séi] 動 (三単) says (過去) said (現分) saying

言う

How do you say *jisho* in English?
[ハウ ドゥ ユー セイ ジショ イン イングリッシュ]

— Dictionary.
[ディクショネリィ]

(「辞書」のことを英語ではなんて言うの？ —— Dictionary よ．)

school [スクール skúːl] 名 (複数) schools

学校，授業

How do you go to school? — By bus.
[ハウ ドゥ ユー ゴウ トゥ スクール バイ バス]

(どうやって学校に通ってるの？ —— バスでだよ．)

We have no school today.
[ウィー ハヴ ノウ スクール トゥデイ]

(ぼくたち，きょうは学校がないんだ．)

★after school 放課後

When do you play basketball?
[ホウェン ドゥ ユー プレイ バスケットボール]

— We play after school.
[ウィー プレイ アフタァ スクール]

(あなたたちはいつバスケットボールをするの？ —— 放課後だよ．)

science [サイエンス sáiəns] 名

科学，理科

Which subject do you like?
[ホウィッチ サブジェクト ドゥ ユー ライク]

— I like science.
[アイ ライク サイエンス]

(あなたはどの科目が好き？
—— ぼくは理科が好き．)

scientist [サイエンティスト sáiəntist] 名 複数 scientists

科学者

What do you want to be? — I want to be a scientist.
[ホワット ドゥ ユー ワント トゥ ビー　アイ ワント トゥ ビー ア サイエンティスト]
(きみはなにになりたい？ — 科学者になりたいな．)

scissors [スィザァズ sízərz] 名

はさみ（☆複数あつかい）

Where are the scissors?
[ホウェア アー ザ スィザァズ]
— They're on the desk.
[ゼイア オン ザ デスク]
(はさみはどこ？ — つくえの上だよ．)

sea [スィー síː] 名 複数 seas

海

My uncle lives by the sea.
[マイ アンクル リヴズ バイ ザ スィー]
(わたしのおじさんは海の近くに住んでいます．)

season [スィーズン síːzn] 名 (複数) seasons

季節

What season do you like the best?
— I like summer the best.
(あなたはどの季節がいちばん好き？
— わたしは夏がいちばん好き．)

seat [スィート síːt] 名 (複数) seats

座席, 席

Go back to your seat.
(席にもどりなさい．)

second [セカンド sékənd] 形

第2の，2番目の

My classroom is on the second floor.
(わたしの教室は2階にあります．)

— 名

(月の) 2日，2番目

secret [スィークレット síːkrət] 名 (複数) secrets

秘密

Can you keep a secret? — Sure.
(秘密を守れる？ — もちろんさ．)

see—send

see [スィー síː] 動 三単 sees 過去 saw 現分 seeing

❶ ～を見る，～が見える

How many horses do you see? — I see ten horses.
［ハウ　メニィ　ホースィズ　ドゥ　ユー　スィー　アイ　スィー　テン　ホースィズ］
(何頭の馬が見える？ —— 10頭見えるよ.)

❷ ～と会う

Come and see me tomorrow.
［カム　アンド　スィー　ミー　トゥモロウ］
— All right.
［オール　ライト］
(あした，ぼくに会いにおいでよ. —— いいわよ.)

❸ わかる

Turn left at that corner. — I see. Thank you.
［ターン　レフト　アット　ザット　コーナァ　アイ　スィー　サンク　ユー］
(あの角を左にまがってください. —— わかりました. ありがとう.)

★See you. じゃあね (☆別れるときのことば)

See you later.
［スィー　ユー　レイタァ］
— Yeah, see you.
［イェア　スィー　ユー］
(じゃあね. —— うん, またね.)

> メモ　See you のあとに, later (あとで), tomorrow (あした), next week (来週) などをつけることもよくあります.

send [センド sénd] 動 三単 sends 過去 sent 現分 sending

～を送る

Send me an e-mail. — OK.
［センド　ミー　アン　イーメイル　オウケイ］
(Eメールを送ってね. —— うん.)

September [セプテンバァ septémbər] 名

9月(☆Sep.,Sept. と略す)

seven [セヴン sévn] 名

7, 7時

What time is it there? — It's seven in the morning.
[ホワット タイム イズ イット ゼア イッツ セヴン イン ザ モーニング]
(そっちではいま何時なの？ — 朝の7時だよ.)

―形
7の, 7才で

seventeen [セヴンティーン sèvntíːn]

―名 17 ―形 17の, 17才で

seventh [セヴンス sévnθ] 形

7番目の

We live on the seventh floor.
[ウィー リヴ オン ザ セヴンス フローァ]
(わたしたちは7階に住んでいます.)

―名
(月の)7日, 7番目

seventy—shake

seventy [セヴンティ sévnti] 名
70

— 形
70の, 70才で

My grandmother is seventy years old now.
[マイ グランマザァ イズ セヴンティ イアズ オウルド ナウ]
(わたしのおばあちゃんはいま70才です.)

several [セヴラル sévərəl] 形
いくつかの, 数人の

What did you buy?
[ホワット ディド ユー バイ]
— I bought several oranges.
[アイ ボート セヴラル オーレンジズ]
(なにを買ったの? — いくつかのオレンジを買ったの.)

shade [シェイド ʃéid] 名
陰, 日陰

It's cool in the shade.
[イッツ クール イン ザ シェイド]
— Wow! You're right.
[ワウ ユア ライト]
(日陰はすずしいよ. — わあ! ほんとうだ.)

shake [シェイク ʃéik] 動 三単 shakes 過去 shook 現分 shaking
~をふる, ゆする

Shake the bottle well. — All right.
[シェイク ザ ボトゥル ウェル オール ライト]
(びんをよくふってね. — わかった.)

she [シー ʃíː] 代

彼女は，彼女が

How old is your sister?
[ハウ オウルド イズ ユア スィスタァ]
— She is eleven.
  [シー イズ イレヴン]
(あなたのお姉さんは何才？ — 彼女は11才だよ．)

sheep [シープ ʃíːp] 名 (複数) sheep

羊

What are those sheep doing? — They are eating grass.
[ホワット アー ゾウズ シープ ドゥーイング ゼイ アー イーティング グラス]
(あの羊たちはなにをしているの？ — 草を食べてるんだ．)

she's [シーズ ʃíːz] she is の短縮形

ship [シップ ʃíp] 名 (複数) ships

(大型の) 船

I want to travel around the world by ship.
[アイ ワント トゥ トゥラヴェル アラウンド ザ ワールド バイ シップ]
(ぼくは船で世界中を旅してまわりたい．)

shirt—shop

shirt [シャート ʃə́ːrt] 名 (複数) shirts

ワイシャツ，シャツ

Whose shirt is this? — My shirt.
[フーズ シャート イズ ズィス　マイ シャート]
(これはだれのシャツ？ ── ぼくのシャツだよ．)

shoe [シュー ʃúː] 名 (複数) shoes

くつ

Take off your shoes here. — All right.
[テイク オーフ ユア シューズ ヒア　オール ライト]
(ここでくつをぬいでください． ── わかりました．)

メモ a shoe は片方のくつをさすので，両方のくつをいうときは shoes と複数形にします．1足，2足と数えるときは a pair of shoes, two pairs of shoes のようにいいます．

shooting star [シューティング スター ʃúːtiŋ stáːr] 名

流れ星

What's that? — A shooting star!
[ホワッツ ザット　ア シューティング スター]
(あれは、なに？ ── 流れ星よ！)

shop [ショップ ʃɑ́p] 名 (複数) shops

店，商店

── 動 (三単) shops (過去) shopped (現分) shopping

買い物をする

Let's go shopping. — Good idea.
[レッツ ゴウ ショピング　グッド アイディーア]
(買い物に行こうよ． ── そうしよう．)

short [ショート ʃɔ́ːrt] 形 (比較) shorter (最上) shortest

短い, 背が低い (対) long (長い) (対) tall (背が高い)

These pants are too short for me.
[ズィーズ パンツ アー トゥー ショート フォァ ミー]
(このズボンはぼくには短すぎるよ.)

should [シュッド ʃúd] 助

〜したほうがよい, 〜すべきである

You should take a taxi.
[ユー シュッド テイク ア タクスィ]
— All right.
[オール ライト]
(タクシーをつかったほうがいいよ.
— わかった.)

shoulder [ショウルダァ ʃóuldər] 名 (複数) shoulders

肩

show [ショウ ʃóu] 動 (三単) shows (過去) showed (現分) showing

〜を見せる

Will you show me that hat?
[ウィル ユー ショウ ミー ザット ハット]
— Sure.
[シュア]
(あのぼうしを見せていただけますか?
— いいですよ.)

shower [シャウア ʃáuər] 名 複数 showers

シャワー，にわか雨

Take a shower before supper. — All right.
［テイク ア シャウア ビフォーア サパァ オール ライト］
(晩ごはんの前にシャワーをあびなさい． — わかった．)

sick [スィック sík] 形

病気の，病気で，気分が悪い

Is Bob absent? — Yes. He is sick.
［イズ ボブ アブセント イェス ヒー イズ スィック］
(ボブはお休み？ — はい．病気なんです．)

sing [スィング síŋ] 動 三単 sings 過去 sang 現分 singing

歌う

Let's sing together. — OK.
［レッツ スィング トゥゲザァ オウケイ］
(いっしょに歌いましょう． — はい．)

singer [スィンガァ síŋər] 名 複数 singers

歌手，歌う人

That girl is a famous singer.
［ザット ガール イズ ア フェイマス スィンガァ］
— Really?
［リーアリィ］
(あの女の子は有名な歌手なんだ．
 — ほんとう？)

sister [スィスタァ sístər] 名 複数 スィスタァズ sisters

姉妹, 姉, 妹 対brother (兄弟)

Do you have any sisters?
[ドゥ ユー ハヴ エニィ スィスタァズ]
— Yes. I have two sisters.
[イェス アイ ハヴ トゥー スィスタァズ]
(女のきょうだいはいる?
— うん. 2人いるよ.)

メモ 英語ではふつう「姉」「妹」を区別せずに, 単に sister といいます. とくに区別するときは, big sister (姉), little sister (妹) などといいます.

sit [スィット sít] 動 三単 sits 過去 sat 現分 sitting

すわる, すわっている 対stand (立つ)

Sit down, please.
[スィット ダウン プリーズ]
— Thank you.
[サンク ユー]
(どうぞ, おすわりください.
— ありがとう.)

six [スィックス síks] 名

6, 6時

—形

6の, 6才で

How many cookies do you want?
[ハウ メニィ クッキィズ ドゥ ユー ワント]
— Six, please.
[スィックス プリーズ]
(いくつクッキーがほしい?
— 6つおねがい.)

sixteen ― ski

sixteen [スィクスティーン sìkstíːn]
―名 16　―形 16の，16才(さい)で

sixth [スィックスス síksθ] 形
6番目(ばんめ)の

What grade are you in? ― I'm in sixth grade.
[ホワット　グレイド　アー　ユー　イン　アイム インスィックスス グレイド]
(あなたはいま何年生(なんねんせい)？ ― 6年生(ねんせい)よ．)

―名
(月(つき)の)6日(か)，6番目(ばんめ)

sixty [スィクスティ síksti]
―名 60　―形 60の，60才(さい)で

skate [スケイト skéit] 動　三単 skates　過去 skated　現分 skating
スケイトをする

Can you skate well?
[キャン　ユー　スケイト　ウェル]
― Sure.
　　シュア
(きみはじょうずにスケートができる？ ― もちろん．)

ski [スキー skíː] 動　三単 skis　過去 skied　現分 skiing
スキーをする

Let's go skiing next Sunday.
[レッツ　ゴウ　スキーイング　ネクスト　サンデイ]
― Good idea!
　　グッド　アイディーア
(こんどの日曜日(にちようび)スキーをしに行(い)こう．― いいわね！)

skirt [スカート skə́ːrt] 名 (複数) skirts

スカート

Your skirt is cute. — Really?
[ユア スカート イズ キュート リーアリィ]
(あなたのスカート，かわいいわね． — ほんと？)

sky [スカイ skái] 名

空(そら)

There are no stars in the sky.
[ゼア アー ノウ スターズ イン ザ スカイ]
(空には星が1つもない．)

sleep [スリープ slíːp] 動 (三単) sleeps (過去) slept (現分) sleeping

ねむる

Don't sleep here. Go to the bedroom.
[ドウント スリープ ヒア ゴウ トゥ ザ ベッドルーム]
— All right.
　　オール ライト]
(ここでねむらないで．寝室(しんしつ)へ行(い)きなさい．
— はい．)

sleepy [スリーピィ slíːpi] 形

ねむい，ねむそうな

Are you sleepy? — No, I'm not.
[アー ユー スリーピィ ノウ アイム ノット]
(ねむいの？ — いや，ねむくないよ．)

slide [スライド sláid] 名

すべり台(だい)

slow [スロウ slóu] 形 比較 slower(スロウア) 最上 slowest(スロウエスト)

おそい，のろい，ゆっくりとした

This train is very slow.
［ズィス トゥレイン イズ ヴェリィ　スロウ］
— Yes, it's too slow.
［イェス　イッツ トゥー　スロウ］
(この電車，とてものろいね．
— うん，のろすぎるわ．)

slowly [スロウリィ slóuli] 副

おそく，のろく，ゆっくりと　対fast (速く)

Please speak more slowly.
［プリーズ　スピーク　モーァ　スロウリィ］
— OK.
［オウケイ］
(もっとゆっくり話してください．
— わかったわ．)

small [スモール smɔ́ːl] 形 比較 smaller(スモーラァ) 最上 smallest(スモーレスト)

小さい　対large (大きい)

This shirt is too small for me.
［ズィス シャート イズ トゥー　スモール フォア　ミー］
(このシャツはぼくには小さすぎるよ．)

smart [スマート smáːrt] 形

りこうな，頭のいい

Your dog is smart. — Yes, he is!
［ユア　ドーグ イズ スマート　　イェス　ヒー イズ］
(あなたの犬は頭がいいのね！ — そうだよ！)

smell [スメル smél] 動 (三単) smells (過去) smelled (現分) smelling

におう，〜のにおいがする

This flower smells nice. — Yes, it does.
[ズィス フラウア スメルズ ナイス イェス イット ダズ]
(この花はいいにおいがするね． — うん，そうだね．)

snow [スノウ snóu] 名

雪

— 動 (三単) snows (過去) snowed (現分) snowing

雪がふる（☆it を主語にして）

How is the weather? — It's snowing.
[ハウ イズ ザ ウェザァ イッツ スノウイング]
(天気はどう？ — 雪がふってるよ．)

so [ソウ sóu] 副

❶ そんなに，それほど

Don't walk so fast. — I'm sorry.
[ドウント ウォーク ソウ ファスト アイム ソリィ]
(そんなに速く歩かないで． — ごめん．)

❷ とても，非常に

I'm so tired. — Me, too.
[アイム ソウ タイアド ミー トゥー]
(とてもつかれちゃったわ． — わたしも．)

soccer [サカァ sákər] 名

サッカー

What sports do you like? — I like soccer.
[ホワット スポーツ ドゥ ユー ライク アイ ライク サカァ]
(あなたはなんのスポーツが好き？ — ぼくはサッカーが好き．)

sock—softball 226

sock [ソック sák] 名 socks

くつした（☆ふつう socks の形でつかう）

soda [ソウダ sóudə] 名

ソーダ水，炭酸水

Do you like soda? — No, I don't.
［ドゥ ユー ライク ソウダ ノウ アイ ドウント］
（ソーダ水は好き？ ── ううん，好きじゃない．）

sofa [ソウファ sóufə] 名 sofas

ソファー，長いす

Please sit on the sofa. — Thanks.
［プリーズ スィットオン ザ ソウファ サンクス］
（ソファーにおすわりください． ── ありがとう．）

soft [ソーフト sɔ́:ft] 形 softer 最上 softest

やわらかい　対 hard（かたい）

This bed is very soft.
［ズィス ベッド イズ ヴェリィ ソーフト］
（このベッドはとてもやわらかい．）

softball [ソーフトボール sɔ́:ftbɔ̀:l] 名

ソフトボール

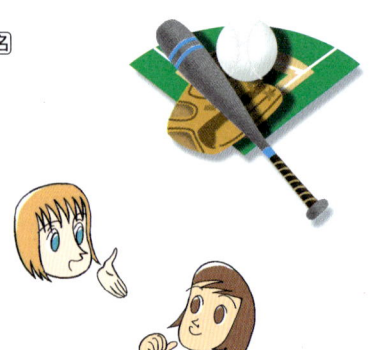

Do you play softball?
［ドゥ ユー プレイ ソーフトボール］
— Yes, I do.
　　　　　［イェス アイ ドゥー］
（あなたはソフトボールをする？
── ええ，するわよ．）

some [サム sʌ́m] 形

❶ いくつかの(☆数)

I need some dishes.
[アイ ニード サム ディッシズ]

— How many do you need?
[ハウ メニィ ドゥ ユー ニード]

(お皿がいくつか必要なの.
—— 何まい必要？)

❷ いくらかの(☆量)

I need some sugar.
[アイ ニード サム シュガァ]

— How much do you need?
[ハウ マッチ ドゥ ユー ニード]

(砂糖がいくらか必要なの.
—— どれぐらい必要？)

someone [サムワン sʌ́mwʌ̀n] 代

だれか

Look! Someone is calling you.
[ルック サムワン イズ コーリング ユー]

— Oh, it's Yumi.
[オウ イッツ ユミ]

(見て！ だれかがきみを呼んでるよ.
—— あら，ユミだわ.)

something [サムスィング sʌ́mθiŋ] 代

なにか

Let's drink something. — OK.
[レッツ ドゥリンク サムスィング オウケイ]

(なにか飲もうよ.—— うん.)

sometimes [サムタイムズ sʌ́mtàimz] 副

ときどき

I sometimes write poems.
[アイ　サムタイムズ　ライト　ポウエムズ]
(わたしはときどき詩を書きます.)

son [サン sʌ́n] 名 複数 sons

むすこ　対 daughter (むすめ)

Mr. Brown has two sons and a daughter.
[ミスタァ　ブラウン　ハズ　トゥー　サンズ　アンド　ア　ドータァ]
(ブラウンさんには2人のむすこと1人のむすめがいます.)

song [ソーング sɔ́ːŋ] 名 複数 songs

歌

Please sing a Japanese song.
[プリーズ　スィング　ア　ジャパニーズ　ソーング]
— OK.
[オウケイ]
(日本の歌をうたってください.
— はい.)

soon [スーン súːn] 副 比較 sooner 最上 soonest

すぐに, まもなく

Yumi will come home soon.
[ユミ　ウィル　カム　ホウム　スーン]
— I see.
[アイ スィー]
(ユミはもうすぐ帰ってくるわ.
— わかりました.)

sorry [ソリィ sári] 形

すまなく思って, 気のどくで

I'm sorry. — That's OK.
[アイム　ソリィ　　　ザッツ　オウケイ]
(ごめんなさい. — いいんだよ.)

sound [サウンド sáund] 名 複数 sounds

音

— 動 三単 sounds 過去 sounded 現分 sounding

〜のように思われる

Let's have lunch. — Sounds good.
[レッツ　ハヴ　ランチ　　　サウンズ　グッド]
(お昼ごはんにしましょう. — いいわね.)

メモ　Sounds good. (= It sounds good.) は「それはよいと思われる」というのが元の意味です. Sounds great. (それはすごいね) などともいいます.

soup [スープ súːp] 名

スープ

Eat your soup with that spoon.
[イート　ユア　スープ　ウィズ　ザット　スプーン]
(そのスプーンでスープを飲みなさい.)

メモ　スープをスプーンですくって飲むようなときは, drink ではなく eat をつかいます.

sour [サウア sáuər] 形

すっぱい

How is the orange? — It's sour.
[ハウ　イズ　ズィ　オーレンジ　　　イッツ　サウア]
(そのオレンジ, どう？ — すっぱいよ.)

south [サウス sáuθ] 名

南（☆ふつう the をつける） 対 north（北）

Those birds come from the south.
[ゾウズ バーズ カム フロム ザ サウス]
(あの鳥たちは南からやって来るんだよ.)

space [スペイス spéis] 名

宇宙, 空間

Do you want to travel in space?
[ドゥ ユー ワント トゥ トゥラヴェル イン スペイス]
— Yes, I do.
[イェス アイ ドゥー]
(あなたは宇宙を旅行したい？ — うん, したい.)

spaghetti [スパゲティ spəgéti] 名

スパゲッティ

Do you like spaghetti?
[ドゥ ユー ライク スパゲティ]
— Yes. I love spaghetti!
[イェス アイ ラヴ スパゲティ]
(スパゲッティは好き？
— ええ. わたし, スパゲッティは大好き.)

Spain [スペイン spéin] 名

スペイン

I have many friends in Spain.
[アイ ハヴ メニィ フレンズ イン スペイン]
— That's nice.
[ザッツ ナイス]
(わたしはスペインにたくさんの友だちがいます.
— それはすてきね.)

Spanish [スパニッシュ spǽniʃ] 名

スペイン語

—形

スペインの, スペイン人の

Are you Spanish? — Yes, I am.
[アー　ユー　スパニッシュ　　イェス　アイ　アム]
(あなたはスペイン人ですか？ — はい, そうです.)

speak [スピーク spíːk] 動 (三単) speaks (過去) spoke (現分) speaking

〜を話す

Do you speak Spanish? — No, I don't.
[ドゥ　ユー　スピーク　スパニッシュ　　ノウ　アイ　ドウント]
(あなたはスペイン語を話しますか？ — いいえ, 話しません.)

spend [スペンド spénd] 動 (三単) spends (過去) spent (現分) spending

❶ (お金を) つかう

Don't spend all of your money. — All right.
[ドウント　スペンド　オール　オヴ　ユア　マニィ　　オール　ライト]
(お金をぜんぶつかっちゃだめよ. — はい.)

❷ (時間を) すごす

We spent all day at the beach.
[ウィー　スペント　オール　デイ　アット　ザ　ビーチ]
(ぼくたちは1日じゅう浜辺ですごした.)

spoon [スプーン spúːn] 名 (複数) spoons

スプーン, さじ

Give me a spoon. — Here you are.
[ギヴ　ミー　ア　スプーン　　ヒア　ユー　アー]
(スプーンをちょうだい. — はい.)

sport

sport [スポート spɔ́ːrt] 名 複数 sports

スポーツ

What sports do you like? — I like soccer and tennis.
[ホワット スポーツ ドゥ ユー ライク　アイ ライク サッカー アンド テニス]
(あなたはどんなスポーツが好き？ —— サッカーとテニスが好きだよ.)

spring [スプリング spríŋ] 名

春

Do you like summer? — No. I like spring.
[ドゥ ユー ライク サマァ　　　　ノウ　アイ ライク スプリング]
(きみは夏が好き？ —— ううん. わたしは春が好き.)

stadium [ステイディアム stéidiəm] 名 複数 stadiums

スタジアム, 競技場, 野球場

stamp [スタンプ stǽmp] 名 複数 stamps

切手

How many stamps do you have?
[ハウ メニィ スタンプス ドゥ ユー ハヴ]

— About two hundred.
[アバウト トゥー ハンドゥレッド]

(きみは何まい切手をもってる？ —— 200まいぐらい.)

stand [スタンド stǽnd] 動 三単 stands 過去 stood 現分 standing

立つ, 立っている 対 sit (すわる)

Stand up, please.
[スタンド アップ プリーズ]
(立ち上がってください.)

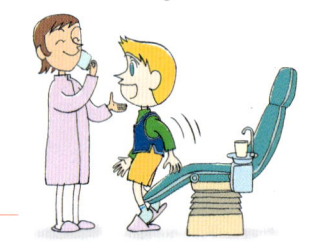

star [スター stάːr] 名 (複数) stars

星

We can see many stars in the sky tonight.
[ウィー キャン スィー メニィ スターズ イン ザ スカイ トゥナイト]
(今夜は空にたくさんの星を見ることができます.)

start [スタート stάːrt] 動 (三単) starts (過去) started (現分) starting

はじまる, 〜をはじめる

In Japan, school starts in April.
[イン ジャパン スクール スターツ イン エイプリル]
(日本では学校は4月にはじまります.)

station [ステイション stéiʃən] 名 (複数) stations

駅

Where are you going?
[ホウェア アー ユー ゴウイング]
— I'm going to the station.
[アイム ゴウイング トゥ ザ ステイション]
(どこへ行くの? — 駅へ行くんだ.)

stay [ステイ stéi] 動 (三単) stays (過去) stayed (現分) staying

滞在する, とまる, いる

How long will you stay in Kyoto?
[ハウ ローング ウィル ユー ステイ イン キョート]
— One week.
[ワン ウィーク]
(京都にはどのくらい滞在するの?
— 1週間よ.)

steak [ステイク stéik] 名

ステーキ

Do you like steak?
[ドゥ ユー ライク ステイク]
— Yes, I do.
[イェス アイドゥー]
(ステーキは好き？ — うん，好きだよ．)

still [スティル stíl] 副

いまでも，まだ

Is it still raining? — Yes, it is.
[イズイットスティル レイニング　　イェス イットイズ]
(まだ雨ふってる？ — うん，ふってるよ．)

stone [ストウン stóun] 名 (複数) stones

石，石ころ

Don't throw stones. — I'm sorry.
[ドウント スロウ ストウンズ　アイム ソリィ]
(石を投げないで．— すみません．)

stop [ストップ stáp] 動 (三単) stops (過去) stopped (現分) stopping

止まる，〜を止める

Don't stop here. — OK.
[ドウント ストップ ヒア　オウケイ]
(ここで止まらないで．— わかりました．)

— 名 (複数) stops

駅，停留所

store [ストーァ stɔ́:r] 名 複数 stores

店，商店

There are many stores on this street.
[ゼア アー メニィ ストーァズ オン ズィス ストゥリート]
(この通りにはたくさんのお店があるね.)

story [ストーリィ stɔ́:ri] 名 複数 stories

物語，話

Read me a story. — All right.
[リード ミー ア ストーリィ オール ライト]
(お話を読んでちょうだい. — いいわよ.)

straight [ストゥレイト stréit] 形

まっすぐな

She has straight hair.
[シー ハズ ストゥレイト ヘア]
(彼女はまっすぐな髪をしている.)

— 副

まっすぐに

Go straight and turn left at the second corner.
[ゴウ ストゥレイト アンド ターン レフト アット ザ セカンド コーナァ]
(まっすぐに進んで, 2つ目の角を左にまがってください.)

strange [ストゥレインジ stréindʒ] 形 比較 stranger 最上 strangest

奇妙な，変な，見知らぬ

I sometimes have a strange dream.
[アイ サムタイムズ ハヴ ア ストゥレインジ ドゥリーム]
(わたしはときどき変な夢を見ます.)

strawberry—student

strawberry ［ストゥローベリィ　strɔ́ːbèri］名 複数 strawberries

いちご

Do you want some strawberries?
［ドゥ　ユー　ワント　サム　ストゥローベリィズ］

— Yes, please.
　［イェス　プリーズ　］

(いちごはいかが？ ── うん, おねがい.)

street ［ストゥリート　stríːt］名 複数 streets

通り, 街路

Don't play in the street. — All right.
［ドウント　プレイ　イン　ザ　ストゥリート　　オール　ライト ］

(通りで遊ばないでね. ── わかった.)

strong ［ストゥローング　strɔ́ːŋ］形 比較 stronger 最上 strongest

強い, じょうぶな 対 weak (弱い)

The wind is very strong today.
［ザ　ウィンド　イズ　ヴェリィ　ストゥローング　トゥデイ ］

(きょうは風がとても強いね.)

student ［ステューデント　st(j)úːdənt］名 複数 students

学生, 生徒

Are you a student of this school?
［アー　ユー　ア　ステューデント　オヴ　ズィス　スクール ］

— Yes, I am.
　［イェス　アイ　アム］

(あなたはこの学校の生徒？
── はい, そうです.)

study [スタディ stʌ́di] 動 三単 studies 過去 studied 現分 studying

勉強する, 研究する

Let's study at the library.
[レッツ スタディ アット ザ ライブレリィ]
— Good idea.
[グッド アイディーア]
(図書館で勉強しよう. — そうしよう.)

subject [サブジェクト sʌ́bdʒikt] 名 複数 subjects

科目, 学科, 話題

What subjects do you like?
[ホワット サブジェクツ ドゥ ユー ライク]
— I like music.
[アイ ライク ミューズィック]
(きみはなんの科目が好き？ — 音楽が好き.)

sugar [シュガァ ʃúgər] 名

砂糖

Pass me the sugar, please. — Here you are.
[パス ミー ザ シュガァ プリーズ ヒア ユー アー]
(砂糖をとってください. — はい, どうぞ.)

suitcase [スートケイス súːtkeis] 名 複数 suitcases

スーツケース

Can you carry this suitcase?
[キャン ユー キャリィ ズィス スートケイス]
— No problem.
[ノウ プロブレム]
(このスーツケースを運んでくれる？ — いいよ.)

summer [サマァ sʌ́mər] 名

夏

It's very hot this summer.
[イッツ ヴェリィ ホット ズィス サマァ]
(この夏はとても暑い.)

sun [サン sʌ́n] 名

太陽 (☆ふつう the をつける)

The earth goes around the sun.
[ズィ アース ゴウズ アラウンド ザ サン]
(地球は太陽のまわりをまわっています.)

Sunday [サンデイ sʌ́ndei] 名 (複数) Sundays

日曜日 (☆Sun. と略す)

Let's go swimming next Sunday.
[レッツ ゴウ スウィミング ネクスト サンデイ]
— Sounds good.
[サウンズ グッド]
(こんどの日曜日, 泳ぎに行こうよ. — いいね.)

sunflower [サンフラウア sʌ́nflàuər] 名 (複数) sunflowers

ひまわり

Do you like sunflowers? — No, I don't.
[ドゥ ユー ライク サンフラウアズ ノウ アイ ドウント]
(あなたはひまわりが好きですか.
— いいえ, わたしは好きではありません.)

sunglasses [サングラスィズ sʌ́nglæ̀siz] 名

サングラス (☆複数あつかい)

sunny [サニィ sʌ́ni] 形

晴れた，日あたりのよい

How's the weather? — It's sunny.
[ハウズ ザ ウェザァ イッツ サニィ]
(天気はどう？ — 晴れてるよ.)

supper [サパァ sʌ́pər] 名

夕食，晩ごはん

What time do you have supper? — About seven.
[ホワット タイム ドゥ ユー ハヴ サパァ アバウト セヴン]
(あなたは何時に夕食を食べますか？ — 7時ごろです.)

メモ 夕食が1日のうちの主要な食事となるばあいは dinner といいます.

sure [シュア ʃúər] 形

確かな，確信して

Are you sure? — Yes, I am.
[アー ユー シュア イェス アイ アム]
(確信がある？ — うん，あるよ.)

— 副

はい，いいですよ，もちろん (☆返事で)

Can you clean the living room? — Sure.
[キャン ユー クリーン ザ リヴィング ルーム シュア]
(居間をそうじしてくれる？ — いいよ.)

sweater [スウェタァ swétər] 名 複数 sweaters

セーター

Put on your sweater. It's cold. — OK.
[プット オン ユア スウェタァ イッツ コウルド オウケイ]
(セーターを着なさい．寒いわよ. — わかった.)

sweet [スウィート swíːt] 形 比較 sweeter 最上 sweetest

あまい

How is it? — It's sweet.
[ハウ イズ イット　イッツ スウィート]
(どう？ — あまいね.)

— 名 複数 sweets

お菓子 (☆しばしば sweets の形でつかわれる)

I like sweets. — Me, too.
[アイ ライク スウィーツ　ミー トゥー]
(わたし, お菓子が好き. — ぼくも.)

swim [スウィム swím] 動 三単 swims 過去 swam 現分 swimming

泳ぐ

Can you swim? — Yes, I can.
[キャン ユー スウィム　イェス アイ キャン]
(きみは泳げる？ — うん, 泳げるよ.)

Let's go swimming. — Yes, let's.
[レッツ ゴウ スウィミング　イェス レッツ]
(泳ぎに行こう. — うん, そうしよう.)

swing [スウィング swíŋ] 名

ブランコ

Sydney [スィドニィ sídni] 名

シドニー (☆オーストラリアの大都市)

241　　　　　　　　　　　　　　　　　　　　　　　　　　**table**

T t
[ティー tíː]

A B C D E F G H I J K L M N O P Q R S **T** U V W X Y Z
a b c d e f g h i j k l m n o p q r s **t** u v w x y z

table ［テイブル téibl］ 名 複数 tables
（テイブルズ）
テーブル

Can you clean the table? — OK.
［キャン　ユー　クリーン　ザ　テイブル　オウケイ］
（テーブルをきれいにしてくれる？ — いいよ．）

take [テイク téik] 動 三単 takes 過去 took 現分 taking

❶ ～を連れていく，～をもっていく

Take me to the zoo next Sunday. — Sure.
[テイク ミー トゥ ザ ズー ネクスト サンデイ シュア]
(こんどの日曜日,動物園へ連れてって. — いいよ.)

❷ ～をつかう，～を利用する

I will take the bus to the station.
[アイ ウィル テイク ザ バス トゥ ザ ステイション]
(ぼくはバスをつかって駅へ行くよ.)

❸ ～をする

Let's take a walk. — Sounds good.
[レッツ テイク ア ウォーク サウンズ グッド]
(散歩をしよう. — いいね.)

★take off ～ ～をぬぐ

Take off your coat. — OK.
[テイク オーフ ユア コウト オウケイ]
(コートをぬぎなさい. — はい.)

talk [トーク tɔ́ːk] 動 三単 talks 過去 talked 現分 talking

話す，話し合う

Let's talk about Japanese music.
[レッツ トーク アバウト ジャパニーズ ミューズィック]
(日本の音楽について話しましょう.)

tall [トール tɔ́ːl] 形 比較 taller(トーラー) 最上 tallest(トーレスト)

背(せ)が高(たか)い，高(たか)い 対 short (背(せ)が低(ひく)い)

That tall man is a famous basketball player.
[ザット トール マン イズ ア フェイマス バスケットボール プレイア]
(あの背(せ)の高(たか)い男(おとこ)の人(ひと)は有名(ゆうめい)なバスケットボールの選手(せんしゅ)だよ．)

taste [テイスト téist] 動 三単 tastes(テイスツ) 過去 tasted(テイスティド) 現分 tasting(テイスティング)

〜な味(あじ)がする

How does it taste? — It tastes great!
[ハウ ダズ イット テイスト イット テイスツ グレイト]
(味(あじ)はどう？ — すごくおいしい！)

taxi [タクスィ tǽksi] 名 複数 taxis(タクスィズ)

タクシー

Let's go by taxi. — OK.
[レッツ ゴウ バイ タクスィ オウケイ]
(タクシーで行(い)こう．— うん．)

tea ─ team

tea [ティー tíː] 名
紅茶, 茶

Tea or coffee?
[ティー オーァ コーフィ]
── Tea, please.
　　[ティー プリーズ]
(紅茶にする？ それともコーヒー？
── 紅茶をおねがい．)

teach [ティーチ tíːtʃ] 動 (三単) teaches (過去) taught (現分) teaching
～を教える

Who teaches English? ── Mr. Smith.
[フー　ティーチズ　イングリッシュ　　ミスタァ　スミス]
(だれが英語を教えているの？── スミス先生よ．)

teacher [ティーチァァ tíːtʃər] 名 (複数) teachers
先生, 教師

Who is your teacher? ── Mr. Sato is.
[フー　イズ　ユア　ティーチァァ　　ミスタァ　サトー　イズ]
(あなたの〔担任の〕先生はだれ？── 佐藤先生だよ．)

team [ティーム tíːm] 名 (複数) teams
チーム

Did your team win the game?
[ディド　ユア　ティーム　ウィン　ザ　ゲイム]
── Yes, we did.
　　[イェス　ウィー　ディド]
(あなたのチームは試合に勝ったの？
── うん, 勝ったよ．)

teaspoon [ティースプーン tíːspùːn] 名 複数 teaspoons

茶さじ，小さじ

How much salt do you need?
— Two teaspoons, please.
(塩はどのくらい必要？ — 小さじ2杯おねがい．)

teeth [ティース tíːθ] 名 tooth (歯) の複数形

telephone [テレフォウン téləfòun] 名 複数 telephones

電話 (☆話しことばでは phone と略されることが多い)

Can I use the telephone?
— Sure.
(電話をつかってもいいですか？
— どうぞ．)

tell [テル tél] 動 三単 tells 過去 told 現分 telling

～を話す，言う，教える

Will you tell me the way to the station?
— OK. Go straight and turn left at the second corner.
(駅へ行く道を教えてくれませんか？
— はい．まっすぐに進んで，2つめの角を
左にまがってください．)

ten [テン tén] 名

10, 10時

— 形

10の, 10才で

How old are you?
[ハウ オウルド アー ユー]

— I am ten.
[アイ アム テン]

(あなたは何才? — 10才だよ.)

tennis [テニス ténis] 名

テニス

When do you play tennis?
[ホウェン ドゥ ユー プレイ テニス]

— I play on Sundays.
[アイ プレイ オン サンデイズ]

(きみはいつテニスをするの?
— 日曜日にするわ.)

tent [テント tént] 名 複数 tents(テンツ)

テント

Let's sleep in the tent tonight.
[レッツ スリープ イン ザ テント トゥナイト]

(今夜はテントでねよう.)

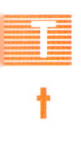

tenth [テンス ténθ] 形

10番目の

Today is my tenth birthday.
[トゥデイ イズ マイ テンス バースデイ]
(きょうはぼくの10才の誕生日なんだ．)

―名

(月の) 10日，10番目

terrible [テリブル térəbl] 形

ひどい，おそろしい

Was the movie good?
[ワズ ザ ムーヴィ グッド]
— No. It was terrible.
[ノウ イット ワズ テリブル]
(その映画，よかった？ — ううん．ひどかったわ．)

test [テスト tést] 名 (複数) tests

テスト，試験

How was the test?
[ハウ ワズ ザ テスト]
— It was very difficult.
[イット ワズ ヴェリィ ディフィカルト]
(テストはどうだった？ — とてもむずかしかった．)

textbook [テクストブック tékstbùk] 名 (複数) textbooks

教科書

Whose textbook is this? — It's mine.
[フーズ テクストブック イズ ズィス イッツ マイン]
(これはだれの教科書？ — ぼくのだよ．)

thank—that

thank [サンク θǽŋk] 動 (三単) thanks (過去) thanked (現分) thanking

〜に感謝する

*__Thank you.__ ありがとう

Thank you. — You're welcome.
[サンク ユー ユア ウェルカム]
(ありがとう. —— どういたしまして.)

*__No, thank you.__ いいえ，けっこうです（☆No, thanks. ともいう）

Do you want some salad? — No, thank you.
[ドゥ ユー ワント サム サラッド ノウ サンク ユー]
(サラダはいかが? —— いいえ, けっこうです.)

—名 (複数) thanks

ありがとう（☆thanks で）

How about some cake? — Thanks.
[ハウ アバウト サム ケイク サンクス]
(ケーキはいかが? —— ありがとう.)

that [ザット ðǽt] 代 (複数) those

あれ，それ（☆自分からはなれたところの人や物をさす）

Is that your bike? — No, it isn't.
[イズ ザット ユア バイク ノウ イットイズント]
(あれはきみの自転車? —— いや, ちがうよ.)

—形

あの，その

How much is that elephant?
[ハウ マッチ イズ ザット エレファント]
— It's two thousand yen.
[イッツ トゥー サウザンド イェン]
(あのぞうはいくらですか?
—— 2000円です.)

that's [ザッツ ðǽts] that is の短縮形

the [ザ ðə／(母音の前)ズィ ði] 冠

その (☆日本語にしなくてよいことが多い)
Can you close the window?
[キャン ユー クロウズ ザ ウィンドウ]
— OK.
[オウケイ]
(〔その〕窓をしめてくれる？ —— いいよ．)

メモ ものや人をあらわす単語の前に the がつくのは，話し手と聞き手がおたがいにどれをさすのかわかっているときです．

their [ゼア ðéər] 代

彼らの，彼女らの，それらの
Do you know The Beatles?
[ドゥ ユー ノウ ザ ビートゥルズ]
— Yes. I love their songs.
[イェス アイ ラヴ ゼア ソーングズ]
(あなたはビートルズを知ってる？
—— うん．ぼく，彼らの歌は大好きだよ．)

them [ゼム ðém] 代

彼らを，彼女らを，それらを
Bob and Yumi are my friends. I know them well.
[ボブ アンド ユミ アー マイ フレンズ アイ ノウ ゼム ウェル]
(ボブとユミはわたしの友だちです．わたしは彼らをよく知っています．)

then [ゼン ðén] 副

そのとき，そのころ

Where were you then?
[ホウェア　ワー　ユー　ゼン]

— I was at the station.
[アイ　ワズ　アット　ザ　ステイション]

(そのとき，あなたはどこにいたの？
— 駅にいたよ．)

there [ゼア ðéər] 副

そこに，そこへ，そこで

Don't stand there.
[ドウント　スタンド　ゼア]

— Oh, I'm sorry.
[オウ　アイム　ソリィ]

(そこに立たないで． — ああ，ごめん．)

★**over there** あそこに，あそこで

Let's have lunch over there.
[レッツ　ハヴ　ランチ　オウヴァ　ゼア]

— OK.
[オウケイ]

(あそこでお昼ごはんを食べよう．
— うん．)

★**There is (are) 〜** 〜がある，いる

There are many books in her room.
[ゼア　アー　メニィ　ブックス　イン　ハー　ルーム]

(彼女の部屋にはたくさんの本があります．)

these [ズィーズ ðíːz] 代 this (これ) の複数形

これら (☆自分の近くの人や物などをさす)

Whose cards are these?
[フーズ　カーズ　アー　ズィーズ]

— They are Bob's.
[ゼイ　アー　ボブズ]

(これらはだれのカード？ — ボブのよ.)

—形

これらの

How much are these apples?
[ハウ　マッチ　アー　ズィーズ　アプルズ]

— Four hundred yen.
[フォーァ　ハンドゥレッド　イェン]

(これらのりんごはいくらですか？ — 400円です.)

they [ゼイ ðéi] 代 he, she, it の複数形

彼らは, 彼女らは, それらは

Where are Bob and Yumi?
[ホウェア　アー　ボブ　アンド　ユミ]

— They are at the library.
[ゼイ　アー　アット　ザ　ライブレリィ]

(ボブとユミはどこ？ — 彼らは図書館にいるよ.)

they're [ゼイァ ðéiər] they are の短縮形

thing [スィング θíŋ] 名 (複数) things

物, こと

There are many things in this box.
[ゼア　アー　メニィ　スィングズ　イン　ズィス　ボックス]

(この箱にはたくさんのものが入っています.)

think [スィンク θíŋk] 動 (三単) thinks (過去) thought (現分) thinking
スィンクス　　ソート　　スィンキング

考える，思う，～と思う

What are you thinking about?
[ホワット　アー　ユー　スィンキング　アバウト]

— I'm thinking about the test.
[アイム　スィンキング　アバウト　ザ　テスト]

(なにを考えているの？ — テストのことだよ．)

third [サード θə́ːrd] 形

3番目の

What grade are you in?
[ホワット　グレイド　アー　ユー　イン]

— I'm in third grade.
[アイム イン　サード　　グレイド]

(あなたは何年生？ — 3年生です．)

— 名

(月の) 3日，3番目

thirsty [サースティ θə́ːrsti] 形

のどがかわいた

Are you thirsty? — No, I'm not.
[アー　ユー　サースティ　　ノウ　アイム ノット]

(のどがかわいてる？ — いや，かわいてないよ．)

thirteen [サーティーン θə̀ːrtíːn]

— 名 13　— 形 13の，13才で

thirty [サーティ θə́ːrti] 名

30

What time do you get up?
[ホワット タイム ドゥ ユー ゲット アップ]
— About six thirty.
[アバウト スィックス サーティ]
(きみは何時に起きるの？ ── 6時半ごろ.)

──形

30の，30才で

this [ズィス ðís] 代 複数 these [ズィーズ]

これ（☆自分の近くの人や物などをさす）

Whose pencil is this? — It's mine.
[フーズ ペンスル イズ ズィス イッツ マイン]
(これはだれのえんぴつ？ ── ぼくのだよ.)

──形

この，いまの，きょうの

Read this book. It's interesting.
[リード ズィス ブック イッツ インタレスティング]
— OK.
[オウケイ]
(この本，読んでごらん．おもしろいよ．
── わかった．)

Are you free this afternoon?
[アー ユー フリー ズィス アフタヌーン]
— Yes, I am.
[イェス アイ アム]
(きょうの午後はひま？ ── うん，ひまよ．)

those [ゾゥズ ðóuz] 代 that (あれ) の複数形

あれら，それら（☆自分からはなれたところの人や物をさす）

Whose cookies are those? — They are yours.
[フーズ　クッキィズ　アー　ゾゥズ　　　ゼイ　アー　ユアズ]
（それらはだれのクッキー？ —— あなたのよ．）

—形

あれらの，それらの

I like those pictures. — Me, too.
[アイ ライク　ゾゥズ　ピクチャァズ　　ミー　トゥー]
（わたしはあれらの絵が好きです． —— わたしも．）

thousand [サゥザンド θáuzənd] 名

1000

—形

1000の

How much is this?
[ハウ　マッチ　イズ ズィス]

— It's three thousand yen.
　[イッツ　スリー　サゥザンド　イェン]
（これはいくらですか？ —— 3000円です．）

three [スリー θríː] 名

3，3時

—形

3の，3才で

Do you have any brothers?
[ドゥ　ユー　ハヴ　エニィ　ブラザァズ]

— Yes. I have three brothers.
　[イェス　アイ　ハヴ　スリー　ブラザァズ]
（男のきょうだいはいるの？ —— うん．3人いるよ．）

throw [スロウ θróu] 動 (三単) throws (過去) threw (現分) throwing

投げる

Throw the ball!
[スロウ ザ ボール]
(ボールを投げろ！)

Thursday [サーズデイ θə́ːrzdei] 名 (複数) Thursdays

木曜日 (☆Thur., Thurs. と略す)

I go to Kumon on Mondays and Thursdays.
[アイ ゴウ トゥ クモン オン マンデイズ アンド サーズデイズ]
(ぼくは月曜日と木曜日は公文に行きます．)

ticket [ティケット tíkit] 名 (複数) tickets

→ 120

切符，チケット

Two tickets to Osaka, please.
[トゥー ティケッツ トゥ オーサカ プリーズ]

— Here you are.
[ヒア ユー アー]
(大阪までの切符を2まいください
— はい，どうぞ．)

tie [タイ tái] 名 (複数) ties

ネクタイ，むすび目

Which tie do you want?
[ホウィッチ タイ ドゥ ユー ワント]

— I want that one.
[アイ ワント ザット ワン]
(どのネクタイがほしい？ — あれがほしいね．)

tiger—tired

tiger [タイガァ táigər] 名 複数 tigers （タイガァズ）
とら

time [タイム táim] 名
時刻, 時, 時間

What time is it? — It's eight.
［ホワット タイム イズイット イッツ エイト］
（いま何時？ — 8時よ.）

It's time for lunch.
［イッツ タイム フォァ ランチ］
— All right.
［オール ライト］
（お昼ごはんの時間ですよ. — はい.）

★have a good time 楽しくすごす

Have a good time. — Bye.
［ハヴ ア グッド タイム バイ］
（楽しんできてね.〔＝行ってらっしゃい〕
— 行ってきます.）

tired [タイアド táiərd] 形
つかれている

Are you tired?
［アー ユー タイアド］
— Yes, I'm very tired.
［イェス アイム ヴェリィ タイアド］
（つかれた？
— うん, とってもつかれた.）

to — together

to [トゥ tə／(強くいうとき) トゥー túː] 前

❶ 〜へ，〜に，〜まで（☆目的地・方向などをあらわす）

Let's walk to the station.
[レッツ　ウォーク　トゥ　ザ　ステイション]

— OK.
[オウケイ]

(駅まで歩こう．— うん．)

❷ 〜まで（☆時間・範囲などをあらわす）

My father works from Monday to Friday.
[マイ　ファーザァ　ワークス　フロム　マンデイ　トゥ　フライデイ]

(わたしの父は月曜日から金曜日まではたらいています．)

today [トゥデイ tədéi] 名

きょう

Today is my birthday. — Oh! Happy birthday!
[トゥデイ　イズ　マイ　バースデイ　オウ　ハピィ　バースデイ]

(きょうはぼくの誕生日なんだ．— まあ！誕生日おめでとう！)

—副

きょうは，きょう

Are you busy today? — No, I'm not.
[アー　ユー　ビズィ　トゥデイ　ノウ　アイム　ノット]

(きょうはいそがしい？ — いいえ，いそがしくないわ．)

together [トゥゲザァ təgéðər] 副

いっしょに

I'm going to the library.
[アイム　ゴウイング　トゥ　ザ　ライブレリィ]

— Me, too. Let's go together.
[ミー　トゥー　レッツ　ゴウ　トゥゲザァ]

(ぼく図書館へ行くところなんだ．— わたしも．いっしょに行きましょう．)

tomato—tonight

tomato [トメイトウ təméitou] 名 複数 tomatoes
トマト

What vegetables do you like?
[ホワット ヴェジタブルズ ドゥ ユー ライク]
— I like tomatoes.
[アイ ライク トメイトウズ]
(きみはどんな野菜が好き？
— わたしはトマトが好き．)

tomorrow [トゥモロウ təmárou] 名
あす，あした

Tomorrow is Mother's Day.
[トゥモロウ イズ マザァズ デイ]
(あしたは母の日です．)

—副

あすは，あす，あしたは，あした

See you tomorrow. — See you.
[スィー ユー トゥモロウ スィー ユー]
(じゃあ，またあした．— じゃあね．)

tonight [トゥナイト tənáit] 名
今夜

—副

今夜は，今夜

Come to my house tonight.
[カム トゥ マイ ハウス トゥナイト]
— OK.
[オウケイ]
(今夜うちにおいでよ．— いいよ．)

too [トゥー túː] 副

❶ 〜も，〜もまた

I like dogs. — I like dogs, too.
[アイ ライク ドーグズ　アイ ライク ドーグズ トゥー]
(わたしは犬が好き． — ぼくも犬が好き．)

★**Me, too.** わたしも

I am hungry. — Me, too.
[アイ アム ハングリィ　ミー トゥー]
(おなかがすいたよ． — わたしも．)

❷ 〜すぎる

This cap is too large for me.
[ズィス キャップ イズ トゥー ラージ フォァ ミー]
(このぼうし，ぼくには大きすぎるよ．)

tooth [トゥース túːθ] 名 複数 teeth ティース

歯

Brush your teeth. — Yes, Mom.
[ブラッシュ ユア ティース　イェス マム]
(歯をみがきなさい． — はい，お母さん．)

top [トップ táp] 名

頂上，てっぺん

Let's go to the top of that mountain. — OK.
[レッツ ゴウ トゥ ザ トップ オヴ ザット マウンテン　オウケイ]
(あの山のてっぺんまで行こう． — うん．)

touch—train

touch [タッチ tʌ́tʃ] 動 (三単) touches (過去) touched (現分) touching
~にふれる，さわる

Don't touch the computer. — All right.
［ドウント タッチ ザ コンピュータァ オール ライト］
(コンピュータに手をふれないでね．— わかった．)

towel [タウエル táuəl] 名 (複数) towels
タオル

Give me a towel. — Here it is.
［ギヴ ミー ア タウエル ヒア イット イズ］
(タオルをちょうだい．— はい，どうぞ．)

town [タウン táun] 名 (複数) towns
町，都会

The people in this town are very kind.
［ザ ピープル イン ズィス タウン アー ヴェリィ カインド］
(この町の人たちはとても親切です．)

toy [トイ tɔ́i] 名 (複数) toys
おもちゃ

My brother has many toys.
［マイ ブラザァ ハズ メニィ トイズ］
(ぼくの弟はたくさんのおもちゃをもっている．)

train [トゥレイン tréin] 名 (複数) trains
列車，電車

Which train goes to Tokyo Station?
［ホウィッチ トゥレイン ゴウズ トゥ トーキョー ステイション］

— That orange one.
［ザット オーレンジ ワン］
(どの電車が東京駅へ行きますか？— あのオレンジ色の電車です．)

travel
[トゥラヴェル trǽvl] 動 (三単) travels (過去) traveled (現分) traveling

旅行する

My aunt travels all over the world.
[マイ アント トゥラヴェルズ オール オウヴァ ザ ワールド]
(わたしのおばは世界中を旅行しています.)

tree
[トゥリー tríː] 名 (複数) trees

木

Let's sit under that tree. — Good idea.
[レッツ スィット アンダ ザット トゥリー グッド アイディーア]
(あの木の下にすわろう. — そうしよう.)

trip
[トゥリップ tríp] 名 (複数) trips

(短い)旅行

Have a nice trip. — Thank you.
[ハヴ ア ナイス トゥリップ サンク ユー]
(旅行を楽しんできてね. — ありがとう.)

truck
[トゥラック trʌ́k] 名 (複数) trucks

トラック

true
[トゥルー trúː] 形

ほんとうの

Is that story true? — Yes, it is.
[イズ ザット ストーリィ トゥルー イェス イット イズ]
(その話はほんとう? — うん, そうだよ.)

trunk [トゥランク tráŋk] 名 複数 trunks

(旅行用の)トランク，(自動車の)トランク

Can you open the trunk? — Sure.
[キャン ユー オウプン ザ トゥランク シュア]
(トランクをあけてくれませんか？ — いいですよ．)

try [トゥライ trái] 動 三単 tries 過去 tried 現分 trying

ためす，やってみる，努力する

Try it again. — OK. I will.
[トゥライ イット アゲン オウケイ アイ ウィル]
(もういちどやってごらん． — うん．やってみる．)

Tuesday [テューズデイ t(j)ú:zdei] 名 複数 Tuesdays

火曜日 (☆Tue. または Tues. と略す)

What day is today? — It's Tuesday.
[ホワット デイ イズ トゥデイ イッツ テューズデイ]
(きょうは何曜日？ — 火曜日だよ．)

tulip [テューリップ t(j)ú:lip] 名 複数 tulips

チューリップ

What flower do you like?
[ホワット フラウア ドゥ ユー ライク]
— I like tulips!
[アイ ライク テューリップス]
(あなたはなんの花が好き？
— チューリップが好き！)

turn—TV

turn [ターン tə́ːrn] 動 三単 turns 過去 turned 現分 turning

まがる，〜をまわす

Turn right at that corner.
[ターン ライト アット ザット コーナァ]
— Thanks.
[サンクス]
(あそこの角を右にまがってください．
— ありがとう．)

★turn on 〜 (明かり・テレビなどを)つける

Please turn on the TV. — OK.
[プリーズ ターン オン ザ ティーヴィー オウケイ]
(テレビをつけてくれ．— はい．)

★turn off 〜 (明かり・テレビなどを)けす

Turn off the light. It's late.
[ターン オーフ ザ ライト イッツ レイト]
(明かりをけしなさい．もうおそいわよ．)

— 名 複数 turns

順番，番

Whose turn? — It's my turn.
[フーズ ターン イッツ マイ ターン]
(だれの番？— ぼくの番だよ．)

TV [ティーヴィー tìːvíː] 名 複数 TVs

テレビ (☆television の略)

Can I watch TV now? — Sure.
[キャン アイ ワッチ ティーヴィー ナウ シュア]
(いまテレビを見てもいい？— いいよ．)

twelfth [トゥウェルフス twélfθ] 形

12番目の

Tomorrow is my sister's twelfth birthday.
[トゥモロウ イズ マイ スィスタァズ トゥウェルフス バースデイ]
(あしたはぼくの姉さんの12才の誕生日です.)

— 名

(月の)12日, 12番目

twelve [トゥウェルヴ twélv] 名

12, 12時

— 形

12の, 12才で

How old is your sister? — She is twelve.
[ハウ オウルド イズ ユア スィスタァ シー イズ トゥウェルヴ]
(あなたのお姉さんは何才? — 12才だよ.)

twenty [トゥウェンティ twénti]

— 名 20 — 形 20の, 20才で

twice [トゥワイス twáis] 副

2度, 2回

I play tennis twice a week.
[アイ プレイ テニス トゥワイス ア ウィーク]
(わたしは1週間に2回テニスをするのよ.)

two [トゥー túː] 名

2, 2時

Call me at two in the afternoon. — OK.
[コール ミー アット トゥー イン ズィ アフタヌーン オウケイ]
(午後2時に電話して. — わかった.)

— 形

2の, 2才で

Do you have any dogs?
[ドゥ ユー ハヴ エニィ ドーグズ]
— Yes. I have two dogs.
[イェス アイ ハヴ トゥー ドーグズ]
(あなたは犬を飼ってる?
— うん. 2ひき飼ってるよ.)

type [タイプ táip] 名 複数 types

型, タイプ, 種類

Mike is cute. — Yes. But he is not my type.
[マイク イズ キュート イェス バット ヒー イズ ノット マイ タイプ]
(マイクってかわいいわね. — ええ. でも, わたしのタイプじゃないわ.)

U u

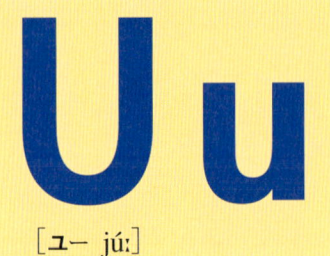

[ユー júː]

A B C D E F G H I J K L M N O P Q R S T **U** V W X Y Z
a b c d e f g h i j k l m n o p q r s t **u** v w x y z

umbrella [アンブレラ ʌmbrélə] 名 複数 umbrellas

かさ

Take this umbrella with you.
[テイク ズィス アンブレラ ウィズ ユー]

— Thank you.
[サンク ユー]

(このかさをもっていきなさい. — ありがとう.)

uncle [アンクル ʌ́ŋkl] 名 複数 uncles

おじ 対 aunt (おば)

Who is that man? — That's my uncle.
[フー イズ ザット マン ザッツ マイ アンクル]

(あの男の人はだれ？ — わたしのおじさんよ.)

under [アンダァ ʌ́ndər] 前

〜の下に, 〜の下で 対 over (〜の上に)

Where is my doll?
[ホウェア イズ マイ ドル]

— It's under the bed.
[イッツ アンダァ ザ ベッド]

(わたしの人形はどこ？ — ベッドの下だよ.)

uniform [ユーニフォーム júːnifɔ̀ːrm] 名 (複数) uniforms

制服, ユニフォーム

Whose uniform is this?
[フーズ　ユーニフォーム イズ ズィス]
— It's mine.
[イッツ　マイン]
(これはだれのユニフォーム？
—— ぼくのだよ.)

United States [ユーナイテッド ステイツ juːnáitid stéits] 名

アメリカ合衆国(☆the をつける)

This is my first visit to
[ズィス イズ マイ ファーストヴィズィットトゥ]

the United States.
[ザ　ユーナイテッド　ステイツ]
(今回がわたしのはじめての
アメリカ合衆国訪問です.)

メモ 正式には the United States of America といいます.

until [アンティル əntíl] 前

〜まで, 〜までずっと

Please wait until five.
[プリーズ　ウェイト アンティル ファイヴ]
— All right.
[オール　ライト]
(5時まで待っててね.
—— わかったわ.)

up [アップ ǽp] 副

うえへ，うえに　対down(下へ)

Stand up, please.
[スタンド　アップ　プリーズ]
(立ち上がってください．)

Let's walk up to the fifth floor.
[レッツ　ウォーク　アップ　トゥ　ザ　フィフス　フローア]

— OK.
[オウケイ]

(5階まで歩いてのぼろう．— うん．)

upstairs [アプステアズ ǽpstéərz] 副

かいじょうへ，かいじょうに　対downstairs(階下へ)

Where are you, Mom?
[　ホウェア　アー　ユー　マム]

— I'm upstairs!
[アイム　アプステアズ]

(お母さん，どこにいるの？— 2階よ！)

us [アス ǽs] 代

わたしたちを，わたしたちに

Take us to the park.
[テイク　アス　トゥ　ザ　パーク]

— All right.
[オール　ライト]

(ぼくたちを公園へ連れていって．
— いいよ．)

use [ユーズ júːz] 動 三単 uses 過去 used 現分 using

〜をつかう

Can I use this camera? — Sure.
[キャン アイ ユーズ ズィス　キャメラ　　シュア]
(このカメラをつかってもいい？ — いいよ.)

useful [ユースフル júːsfəl] 形

役に立つ, べんりな

This computer is very useful.
[ズィス　コンピュータァ イズ ヴェリィ　ユースフル]
(このコンピュータはとても役に立つね.)

usually [ユージュアリィ júːʒuəli] 副

ふつうは, いつもは, たいてい

What time do you go to school? — Usually at eight.
[ホワット　タイム　ドゥ　ユー　ゴウ　トゥ　スクール　　ユージュアリィ アット　エイト]
(あなたは何時に学校へ行くの？ — ふつうは8時だよ.)

V v

[ヴィー víː]

A B C D E F G H I J K L M N O P Q R S T U **V** W X Y Z
a b c d e f g h i j k l m n o p q r s t u **v** w x y z

vacation
[ヴェイケイション veikéiʃən] 名 複数 vacations

休み, 休暇

Have a nice vacation!
[ハヴ　ア　ナイス　ヴェイケイション]
— You, too.
　　[ユー　トゥー]
(いい休暇を！ —— きみもね.)

vegetable
[ヴェジタブル védʒtəbl] 名 複数 vegetables

野菜

Do you like vegetables?
[ドゥ　ユー　ライク　　ヴェジタブルズ]
— Yes, I do.
　　[イェス　アイ ドゥー]
(きみは野菜が好き？ —— ええ, 好きよ.)

very
[ヴェリィ véri] 副

とても, 非常に, たいへん

Are you busy? — Yes, I'm very busy.
[アー　ユー　ビズィ　　イェス　アイム ヴェリィ　ビズィ]
(いそがしい？ —— ええ, とてもいそがしいの.)

video [ヴィディオウ vídiou] 名 複数 videos

ビデオ，映像，ビデオテープ

――形

ビデオの，映像の

Who uses the video camera?
[フー　ユーズィズ　ザ　ヴィディオウ　キャメラ]
― I do.
[アイドゥー]
（だれがビデオカメラをつかうんですか？
―― わたしだよ．）

Let's play a video game.
[レッツ　プレイ　ア　ヴィディオウ　ゲイム]
― Yes, let's.
[イェス　レッツ]
（テレビゲームをやろう！
―― うん，そうしよう．）

village [ヴィレッジ vílidʒ] 名 複数 villages

村

My grandmother lives in a small village.
[マイ　グランマザァ　リヴズ　イン　ア　スモール　ヴィレッジ]
（わたしのおばあちゃんは小さな村に住んでいます．）

violin [ヴァイオリン vàiəlín] 名 複数 violins

バイオリン

Who plays the violin?
— Lucy does.
(だれがバイオリンをひくの？
── ルーシーよ．)

visit [ヴィズィット vízit] 動 三単 visits 過去 visited 現分 visiting

〜を訪問する，訪れる

I will visit Hong Kong this summer.
— That's great!
(わたし，この夏に香港へ行くの．── それはすごいね！)

──名 複数 visits

訪問，訪れること

Is this your first visit to Japan?
— Yes.
(今回がはじめての日本訪問ですか？ ── ええ．)

volleyball [ヴァリィボール válibɔ̀:l] 名

バレーボール

Do you play volleyball?
— No, I don't.
(あなたはバレーボールをしますか？ ── いいえ，しません．)

Ww

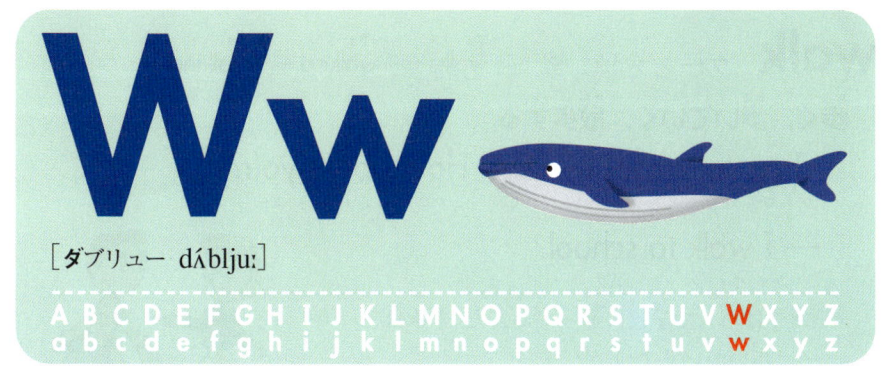

[ダブリュー dÁblju:]

A B C D E F G H I J K L M N O P Q R S T U V **W** X Y Z
a b c d e f g h i j k l m n o p q r s t u v **w** x y z

wait
[ウェイト wéit] 動 三単 waits（ウェイツ） 過去 waited（ウェイティド） 現分 waiting（ウェイティング）

待つ

Wait here a minute. ― All right.
[ウェイト ヒア ア ミニット オール ライト]
(ここでちょっと待ってて. ― わかった.)

wake
[ウェイク wéik] 動 三単 wakes（ウェイクス） 過去 woke（ウォウク） 現分 waking（ウェイキング）

目がさめる, 起きる (☆しばしば wake up の形でつかわれる)

Wake up! It's seven. ― OK, Mom.
[ウェイク アップ イッツ セヴン オウケイ マム]
(起きなさい. 7時ですよ. ― はい, お母さん.)

walk—wall 274

walk [ウォーク wɔ́ːk] 動 (三単) walks (過去) walked (現分) walking
ウォークス　ウォークト　ウォーキング

歩く，歩いていく，散歩する

I go to school by bus. How about you?
[アイ ゴウ トゥ スクール バイ バス　ハウ　アバウト　ユー]

— I walk to school.
[アイ ウォーク トゥ スクール]

(ぼくはバスで学校に通ってるんだ．きみは？
── 歩いていくよ．)

— 名 (複数) walks
ウォークス

歩くこと，散歩

Let's take a walk on the beach. — Good idea!
[レッツ テイク ア ウォーク オン ザ ビーチ　グッド アイディーア]

(浜辺を散歩しよう．── いいね！)

wall [ウォール wɔ́ːl] 名 (複数) walls
ウォールズ

壁，へい

Where is the clock?
[ホウェア イズ ザ クロック]

— There. On the wall.
[ゼア オン ザ ウォール]

(時計はどこ？
── そこ．壁にかかってるでしょ．)

want [ワント wánt] 動 (三単) wants (過去) wanted (現分) wanting

〜がほしい，〜をほしがる

What do you want for your birthday?
[ホワット ドゥ ユー ワント フォア ユア バースデイ]

— A tennis racket!
[ア テニス ラケット]

(誕生日になにがほしい？ — テニスのラケット！)

★**want to 〜**　〜したい

I want to go swimming. — Me, too.
[アイ ワント トゥ ゴウ スウィミング ミー トゥー]

(泳ぎに行きたいな． — わたしも．)

warm [ウォーム wɔ́ːrm] 形 (比較) warmer (最上) warmest

あたたかい　(対)cool (すずしい)

It's warm today.
[イッツ ウォーム トゥデイ]

— Yes, it is.
[イェス イットイズ]

(きょうはあたたかいね． — うん，そうだね．)

was [ワズ wəz／(強くいうとき) ワズ wáz] 動 am, is の過去形

❶ 〜であった

How was the movie? — It was great!
[ハウ ワズ ザ ムーヴィ イット ワズ グレイト]

(その映画はどうだった？ — すごくよかったよ！)

❷ 〜にいた，あった

Where was the key?
[ホウェア ワズ ザ キー]

— It was under the table.
[イット ワズ アンダ ザ テイブル]

(そのかぎ，どこにあったの？ — テーブルの下にあったよ．)

wash—water

wash [ワッシュ wáʃ] 動 (三単) washes (過去) washed (現分) washing

～をあらう

Can you wash the dishes?
[キャン ユー ワッシュ ザ ディッシズ]
— All right.
[オール ライト]
(お皿をあらってくれる？ — いいよ．)

watch¹ [ワッチ wátʃ] 名 (複数) watches

うで時計

This is my new watch.
[ズィス イズ マイ ニュー ワッチ]
— Oh, it's nice.
[オウ イッツ ナイス]
(これ，ぼくの新しいうで時計だよ． — わあ，すてきね．)

watch² [ワッチ wátʃ] 動 (三単) watches (過去) watched (現分) watching

～を見る，じっと見る

Let's watch a soccer game on TV.
[レッツ ワッチ ア サカァ ゲイム オンティーヴィー]
— OK.
[オウケイ]
(テレビでサッカーの試合を見よう． — うん．)

water [ウォータァ wɔ́ːtər] 名

水

Water, please.
[ウォータァ プリーズ]
— Here you are.
[ヒア ユー アー]
(水をちょうだい． — はい．)

watermelon [ウォータメロン wɔ́:tərmèlən] 名 複数 watermelons
すいか

way [ウェイ wéi] 名 複数 ways
道, 通り道, 方向

Is this the way to the station?
[イズ ズィス ザ ウェイ トゥ ザ ステイション]
— Yes, it is.
[イェス イットイズ]
(これは駅へ行く道ですか？
—— はい, そうですよ.)

we [ウィー wí:] 代
わたしたちは, わたしたちが

We are good friends.
[ウィー アー グッド フレンズ]
(わたしたちは仲よしです.)

weak [ウィーク wí:k] 形 比較 weaker 最上 weakest
弱い 対 strong (強い)

Our team is really weak.
[アウア ティーム イズ リーアリィ ウィーク]
— That's too bad.
[ザッツ トゥー バッド]
(ぼくたちのチームはほんとうに弱いんだ.
—— それはざんねんだね.)

wear ─ week

wear [ウェア wéər] 動 三単 wears 過去 wore 現分 wearing

〜を着ている，身につけている

Do you wear uniforms to school?
[ドゥ ユー ウェア ユーニフォームズ トゥ スクール]
— No, we don't.
[ノウ ウィー ドウント]
(きみたち，学校へは制服を着ていくの？
── ううん，着ていかないわ．)

weather [ウェザァ wéðər] 名

天気，天候

How's the weather? — It's raining.
[ハウズ ザ ウェザァ イッツ レイニング]
(天気はどう？ ── 雨がふってるよ．)

Wednesday [ウェンズデイ wénzdei] 名 複数 Wednesdays

水曜日（☆Wed.と略す）

I have a piano lesson on Wednesdays.
[アイ ハヴ ア ピアノウ レスン オン ウェンズデイズ]
(わたしは水曜日にピアノのレッスンがあります．)

week [ウィーク wíːk] 名 複数 weeks

週，1週間

I'm busy this week. Let's meet next week.
[アイム ビズィ ズィス ウィーク レッツ ミート ネクスト ウィーク]
— All right.
[オール ライト]
(今週はいそがしいんだ．来週会おうよ．
── わかった．)

weekend [ウィーケンド wíːkènd] 名 複数 weekends

週末（☆土曜日と日曜日）

Come to my house this weekend. — OK.
[カム トゥ マイ ハウス ズィス ウィーケンド オウケイ]
（こんどの週末，うちにおいでよ．— うん，そうする．）

welcome [ウェルカム wélkəm] 形

歓迎される

★You are welcome. どういたしまして

Thank you. — You are welcome.
[サンク ユー ユー アー ウェルカム]
（ありがとう．— どういたしまして．）

well [ウェル wél] 副 比較 better 最上 best

うまく，じょうずに，よく

My brother plays the guitar very well.
[マイ ブラザァ プレイズ ザ ギター ヴェリィ ウェル]
（ぼくの兄さんはとてもじょうずにギターをひきます．）

— 形 比較 better 最上 best

元気な，健康な

Is Tom still sick?
[イズ トム スティル スィック]

— Yes, but he will get well soon.
[イェス バット ヒー ウィル ゲット ウェル スーン]
（トムはまだ病気なの？
— うん，でも，もうすぐ元気になるわよ．）

we're [ウィア wíər] we are の短縮形

were — whale

were [ワー wər／(強くいうとき) ワー wə́ːr] 動 are の過去形

❶ ～であった

The stars were really beautiful last night.
[ザ スターズ ワー リーアリィ ビューティフル ラスト ナイト]
(きのうの夜は星がほんとうにきれいだったよ.)

❷ ～にいた，あった

Where were you last night? — We were at home.
[ホウェア ワー ユー ラスト ナイト　ウィー ワー アット ホウム]
(きのうの夜，きみたちはどこにいたの？ — うちにいたよ.)

west [ウェスト wést] 名

西 (☆ふつう the をつける) 対 east (東)

That way is the west.
[ザット ウェイ イズ ザ ウェスト]
(あっちの方向が西だよ.)

wet [ウェット wét] 形

しめった，ぬれた　対 dry (かわいた)

Take off your wet shirt. — All right.
[テイク オーフ ユア ウェット シャート　オール ライト]
(ぬれたシャツをぬぎなさい. — はい.)

whale [ホウェイル hwéil] 名 複数 whales ホウェイルズ

くじら

Is that a dolphin?
[イズ ザット ア ドルフィン]

— No. It's a whale.
[ノウ イッツ ア ホウェイル]
(あれはいるか？ — いや．あれはくじらだよ.)

what [ホワット hwát] 代

なに

What's your name? — I'm Tom.
[ホワッツ ユア ネイム　アイム トム]
(名前はなんていうの？ — ぼくはトムだよ.)

What do you want? — I want orange juice.
[ホワット ドゥ ユー ワント　アイ ワント オーレンジ ジュース]
(なにがほしい？ — オレンジジュースがほしい.)

— 形

なんの, どんな

What color do you like? — I like pink.
[ホワット カラァ ドゥ ユー ライク　アイ ライク ピンク]
(あなたは何色が好き？ — ピンクが好き.)

what's [ホワッツ hwáts] what is の短縮形

when [ホウェン hwén] 副

いつ

When do you play soccer? — We play after school.
[ホウェン ドゥ ユー プレイ サカァ　ウィー プレイ アフタァ スクール]
(きみたちはいつサッカーをするの？ — 放課後だよ.)

where [ホウェア hwéər] 副

どこに, どこへ, どこで

Where are you, Yumi? — I'm here!
[ホウェア アー ユー ユミ　アイム ヒア]
(ユミ, どこにいるの？ — ここよ！)

Where do you live? — I live in Sydney.
[ホウェア ドゥ ユー リヴ　アイ リヴ イン スィドニィ]
(どこに住んでいるの？ — シドニーに住んでいるんだ.)

which — who

282

which [ホウィッチ hwítʃ] 代

どれ，どちら

Which is your bike? — This one is mine.
[ホウィッチ イズ ユア バイク　ズィス ワン イズ マイン]
(どちらがあなたの自転車？ — こっちがぼくのだよ．)

— 形

どの，どちらの

Which doll do you like?
[ホウィッチ ドル ドゥ ユー ライク]
— I like this one.
[アイ ライク ズィス ワン]
(どの人形が好き？ — これが好き．)

white [ホワイト hwáit] 名

白

My favorite color is **white**.
[マイ フェイヴァリット カラァ イズ ホワイト]
(わたしがいちばん好きな色は白です．)

— 形

白い

who [フー húː] 代

だれ

Who is that girl?
[フー イズ ザット ガール]
— That's Bob's sister.
[ザッツ ボブズ スィスタァ]
(あの女の子はだれ？ — ボブのお姉さんだよ．)

Who makes lunch? — I do.
[フー メイクス ランチ　アイ ドゥー]
(だれがお昼ごはんをつくるんですか？ — わたしよ．)

who's [フーズ húːz] who is の短縮形

whose [フーズ húːz] 代
だれの, だれのもの

Whose cap is this? — It's Bob's.
[フーズ キャップ イズ ズィス イッツ ボブズ]
(これはだれのぼうし？ — ボブのよ.)

why [ホワイ hwái] 副
なぜ

Why are you crying? — I can't find my watch.
[ホワイ アー ユー クライイング アイ キャント ファインド マイ ワッチ]
(なぜ泣いてるの？ — 時計が見つからないの.)

will [ウィル wíl] 助 過去 would
～するでしょう, ～するつもりである (☆未来をあらわす)

It **will** rain tomorrow.
[イット ウィル レイン トゥモロウ]
(あしたは雨がふるでしょう.)

★**Will you ～?** ～してくれますか

Will you close the door? — Sure.
[ウィル ユー クロウズ ザ ドーア シュア]
(ドアをしめてくれますか？ — はい.)

win [ウィン wín] 動 三単 wins 過去 won 現分 winning
～に勝つ, (賞など) を得る

Who will **win** the race? — I will.
[フー ウィル ウィン ザ レイス アイ ウィル]
(だれが競走に勝つかしら？ — ぼくだよ.)

wind―winter

wind [ウィンド wínd] 名
かぜ
風

The wind is cold and strong today.
[ザ ウィンド イズ コウルド アンド ストゥローング トゥデイ]
(きょうは風が冷たくて強いね.)

window [ウィンドウ wíndou] 名 複数 windows
まど
窓

Can you open the window? ― Sure.
[キャン ユー オウプン ザ ウィンドウ シュア]
(窓をあけてくれる？ ― はい.)

windy [ウィンディ wíndi] 形
かぜ つよ　　かぜ
風の強い, 風のふく

How's the weather? ― It's windy.
[ハウズ ザ ウェザァ イッツ ウィンディ]
(天気はどう？ ― 風が強いね.)

wine [ワイン wáin] 名

ワイン, ぶどう酒

My father often drinks wine at dinner.
[マイ ファーザァ オーフン ドゥリンクス ワイン アット ディナァ]
(わたしの父は夕食のとき, よくワインを飲みます.)

winter [ウィンタァ wíntər] 名
ふゆ
冬

What sport do you do in winter? ― I go skiing.
[ホワット スポート ドゥ ユー ドゥー イン ウィンタァ アイゴウ スキーイング]
(冬はどんなスポーツをするの？ ― ぼくはスキーに行くよ.)

wipe — wonderful

wipe [ワイプ wáip] 動 三単 wipes 過去 wiped 現分 wiping
～をふく，ぬぐう

Wipe the window with this. — All right.
[ワイプ　ザ　ウィンドウ　ウィズ　ズィス　　オール　ライト]
(これで窓をふいてちょうだい．— わかった．)

with [ウィズ wəð／(強くいうとき) ウィズ wíð] 前

❶ ～といっしょに，～と

I sometimes play tennis with Mike.
[アイ　サムタイムズ　プレイ　テニス　ウィズ　マイク]
(ぼくはときどきマイクとテニスをする．)

❷ ～で (☆手段をあらわす)

Write your name with this pen. — OK.
[ライト　ユア　ネイム　ウィズ　ズィス　ペン　　オウケイ]
(このペンで名前を書いてください．— はい．)

woman [ウマン wúmən] 名 複数 women
女の人，婦人　対 man (男の人)

Who is that woman? — That's Bob's mother.
[フー　イズ　ザット　ウマン　　ザッツ　ボブズ　マザァ]
(あの女の人はだれ？— ボブのお母さんよ．)

women [ウィミン wímin] 名 woman (女の人) の複数形

wonderful [ワンダフル wʎndərfəl] 形
すばらしい，ふしぎな

How was the trip? — It was wonderful!
[ハウ　ワズ　ザ　トゥリップ　イット　ワズ　ワンダフル]
(旅行はどうだった？— すばらしかったよ！)

W
w

wood [ウッド wúd] 名 (複数) woods

木，木材（☆woods で，森，林）

word [ワード wə́:rd] 名 (複数) words

単語，ことば

work [ワーク wə́:rk] 動 (三単) works (過去) worked (現分) working

はたらく，勉強する

My father works at the post office.
[マイ　ファーザァ　ワークス　アット　ザ　ポウスト　オーフィス]
(ぼくのお父さんは郵便局ではたらいています.)

—名
仕事，勉強

Finish your work before supper. — All right.
[フィニッシュ　ユア　ワーク　ビフォーァ　サパァ　　　オール　ライト]
(晩ごはんの前に勉強を終わらせなさい.— わかった.)

world [ワールド wə́:rld] 名

世界（☆ふつう the をつける）

I want to travel around the world.
[アイ　ワント　トゥ　トゥラヴェル　アラウンド　ザ　ワールド]
(ぼくは世界中を旅してまわりたい.)

worry [ワーリィ wə́:ri] 動 (三単) worries (過去) worried (現分) worrying

心配する，くよくよする

Don't worry. It's OK. — Thank you.
[ドウント　ワーリィ　イッツ　オウケイ　　サンク　ユー]
(くよくよしないで. だいじょうぶよ.— ありがとう.)

would [ウッド wúd] 助 will の過去形

★**Would you 〜?** 〜していただけますか (☆ていねいな言いかた)

Would you pass me the sugar?
[ウッド ユー パス ミー ザ シュガァ]

— Here you are.
[ヒア ユー アー]

(砂糖をとっていただけますか？
— はい，どうぞ．)

wow [ワウ wáu] 間

わあ，まあ (☆よろこびやおどろきをあらわす)

Look! It's an elephant!
[ルック イッツ アン エレファント]

— Wow! It's big.
[ワウ イッツ ビッグ]

(見て！ぞうよ！— わあ！大きいね．)

write [ライト ráit] 動 三単 writes 過去 wrote 現分 writing

(文字や手紙) を書く

What are you doing?
[ホワット アー ユー ドゥーイング]

— I'm writing a letter to Lucy.
[アイム ライティング ア レタァ トゥ ルースィ]

(なにをしているの？ — ルーシーに手紙を書いてるの．)

wrong [ローング rɔ́:ŋ] 形

まちがった 対 right (正しい)

Your answer is wrong. Try it again.
[ユア アンサァ イズ ローング トゥライ イット アゲン]

(きみの答えはまちがってるよ．もういちどやってごらん．)

yard — year

Y y
[ワイ wái]

A B C D E F G H I J K L M N O P Q R S T U V W X **Y** Z
a b c d e f g h i j k l m n o p q r s t u v w x **y** z

yard [ヤード já:rd] 名

庭, 中庭

Where is Tom?
[ホウェア イズ トム]
— He is in the yard.
[ヒー イズ イン ザ ヤード]
(トムはどこ？—— 庭にいるよ.)

メモ 草花を植えてあるような庭は garden といいます.

yeah [イェア jéə] 間

うん, そう (☆yes のくだけた言いかた)

It's very cold today. — Yeah.
[イッツ ヴェリィ コウルド トゥデイ　イェア]
(きょうはとても寒いね. —— うん.)

year [イア jíər] 名 複数 years
[イアズ]

年, 1年

Bill will come to Japan next year.
[ビル ウィル カム トゥ ジャパン ネクスト イア]
(ビルは来年日本にやって来るでしょう.)

yellow [イェロウ jélou] 名

黄色

――形

黄色い

Get on that yellow train. — OK.
[ゲット オン ザット イェロウ トゥレイン オウケイ]
(あの黄色い電車に乗りなさい. ── わかった.)

yen [イェン jén] 名 複数 yen

円(☆日本のお金の単位)

How much are these shoes?
[ハウ マッチ アー ズィーズ シューズ]
— Six thousand yen.
[スィックス サウザンド イェン]
(このくつはいくらですか?
── 6000円です.)

yes [イェス jés] 副

はい, ええ 対 no (いいえ)

Is the pizza good? — Yes, it is.
[イズ ザ ピーツァ グッド イェスイットイズ]
(そのピザ, おいしいですか?
── ええ, おいしいです.)

y

yesterday [イェスタディ jéstərdi] 名

きのう

Yesterday was Mother's Day.
[イェスタディ ワズ マザァズ デイ]
(きのうは母の日でした.)

— 副

きのうは，きのう

Where did you go yesterday? — I went to the zoo.
[ホウェア ディド ユー ゴウ イェスタディ アイ ウェント トゥ ザ ズー]
(きのうはどこへ行ったの？ — 動物園へ行ったんだ.)

yet [イェット jét] 副

まだ(☆否定文で)

I'm hungry.
[アイム ハングリィ]

— But it's not time for lunch yet.
[バット イッツ ノット タイム フォア ランチ イェット]
(おなかがすいたよ.
— でも，まだお昼ごはんの時間じゃないわ.)

you [ユー júː] 代

❶ あなたは,あなたが,あなたたちは,あなたたちが

Do you like cats?
[ドゥ ユー ライク キャッツ]
— Yes. I love them.
[イェス アイ ラヴ ゼム]
(あなたはねこが好き？
— ええ．大好きよ．)

❷ あなたを,あなたに,あなたたちを,あなたたちに

I'll call you at five tomorrow. — All right.
[アイル コール ユー アットファイヴ トゥモロウ オール ライト]
(あした5時にあなたに電話するわね．— わかった．)

young [ヤング jʌ́ŋ] 形 比較 younger 最上 youngest

若い 対 old (年をとった)

Who is that young man?
[フー イズ ザット ヤング マン]
— He is our new teacher.
[ヒー イズ アウア ニュー ティーチャア]
(あの若い男の人はだれ？
— ぼくたちの新しい先生だよ．)

your [ユア júər] 代

あなたの,あなたたちの

Is that your house? — Yes, it is.
[イズ ザット ユア ハウス イェス イット イズ]
(あれがきみの家？ — うん,そうだよ．)

you're [ユア júər] you are の短縮形

yours [ユアズ júərz] 代

あなたのもの，あなたたちのもの

Whose juice is this?
[　フーズ　　ジュース イズ ズィス　]
— It's yours.
　　[イッツ　ユアズ　]
(これはだれのジュース？
── あなたのよ.)

yourself [ユアセルフ juərsélf] 代

あなた自身，あなた自身で

What's the answer?
[　ホワッツ　ズィ　アンサァ　]
— Find it yourself.
　[ファインド イット　ユアセルフ　]
(答えはなに？
── 自分で見つけなさい.)

yourselves [ユアセルヴズ juərsélvz] 代

あなたたち自身，あなたたち自身で

Do your homework yourselves.
[ドゥー　ユア　ホウムワーク　　ユアセルヴズ　]
(宿題はあなたたち自身でやりなさい.)

yummy [ヤミ jʌ́mi] 名

おいしい (☆くだけたいい方)

Z z
[ズィー zíː]

A B C D E F G H I J K L M N O P Q R S T U V W X Y **Z**
a b c d e f g h i j k l m n o p q r s t u v w x y **z**

zebra [ズィーブラ zíːbrə] 名 複数 zebras（ズィーブラズ）

しまうま

Did you see zebras in the zoo?
[ディド ユー スィー ズィーブラズ イン ザ ズー]
— Yes, I did.
[イェス アイ ディド]
（動物園でしまうまを見た？ — うん，見たよ．）

zoo [ズー zúː] 名 複数 zoos（ズーズ）

動物園

Where are you going? — We're going to the zoo.
[ホウェア アー ユー ゴウイング ウィア ゴウイング トゥ ザ ズー]
（どこへ行くの？ — ぼくたち，動物園へ行くんだ．）

付録1　数の言い方

数（number）

0	zero	[ズィーロウ]
1	one	[ワン]
2	two	[トゥー]
3	three	[スリー]
4	four	[フォーァ]
5	five	[ファイヴ]
6	six	[スィックス]
7	seven	[セヴン]
8	eight	[エイト]
9	nine	[ナイン]
10	ten	[テン]
11	eleven	[イレヴン]
12	twelve	[トゥウェルヴ]
13	thirteen	[サーティーン]
14	fourteen	[フォーティーン]
15	fifteen	[フィフティーン]
16	sixteen	[スィクスティーン]
17	seventeen	[セヴンティーン]
18	eighteen	[エイティーン]
19	nineteen	[ナインティーン]
20	twenty	[トゥウェンティ]
21	twenty-one	[トゥウェンティ ワン]
22	twenty-two	[トゥウェンティ トゥー]
23	twenty-three	[トゥウェンティ スリー]
24	twenty-four	[トゥウェンティ フォーァ]
25	twenty-five	[トゥウェンティ ファイヴ]
26	twenty-six	[トゥウェンティ スィックス]
27	twenty-seven	[トゥウェンティ セヴン]
28	twenty-eight	[トゥウェンティ エイト]
29	twenty-nine	[トゥウェンティ ナイン]
30	thirty	[サーティ]
40	forty	[フォーティ]
50	fifty	[フィフティ]
60	sixty	[スィクスティ]
70	seventy	[セヴンティ]
80	eighty	[エイティ]
90	ninety	[ナインティ]
100	one hundred	[ワン ハンドゥレッド]

順序の数

1番目	first	[ファースト]
2番目	second	[セカンド]
3番目	third	[サード]
4番目	fourth	[フォース]
5番目	fifth	[フィフス]
6番目	sixth	[スィックスス]
7番目	seventh	[セヴンス]
8番目	eighth	[エイトゥス]
9番目	ninth	[ナインス]
10番目	tenth	[テンス]
11番目	eleventh	[イレヴンス]
12番目	twelfth	[トゥウェルフス]
13番目	thirteenth	[サーティーンス]
14番目	fourteenth	[フォーティーンス]
15番目	fifteenth	[フィフティーンス]
16番目	sixteenth	[スィクスティーンス]
17番目	seventeenth	[セヴンティーンス]
18番目	eighteenth	[エイティーンス]
19番目	nineteenth	[ナインティーンス]
20番目	twentieth	[トゥウェンティエス]
21番目	twenty-first	[トゥウェンティ ファースト]

付録2　**季節・月・週**

季節（season）

春　spring ［スプリング］

夏　summer ［サマァ］

秋　fall ［フォール］

冬　winter ［ウィンタァ］

月（month）

1月	January ［ジャニュエリィ］
2月	February ［フェブレリィ］
3月	March ［マーチ］
4月	April ［エイプリル］
5月	May ［メイ］
6月	June ［ジューン］
7月	July ［ジュライ］
8月	August ［オーガスト］
9月	September ［セプテンバァ］
10月	October ［オクトウバァ］
11月	November ［ノウヴェンバァ］
12月	December ［ディセンバァ］

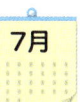

週（week）

日曜日	Sunday ［サンデイ］
月曜日	Monday ［マンデイ］
火曜日	Tuesday ［テューズデイ］
水曜日	Wednesday ［ウェンズデイ］
木曜日	Thursday ［サーズデイ］
金曜日	Friday ［フライデイ］
土曜日	Saturday ［サタデイ］

付録3　代名詞の変化

● 単数（1人・1つ）のとき

	～は	～の	～を	～のもの
わたし	I [アイ]	my [マイ]	me [ミー]	mine [マイン]
あなた	you [ユー]	your [ユア]	you [ユー]	yours [ユアズ]
彼	he [ヒー]	his [ヒズ]	him [ヒム]	his [ヒズ]
彼女	she [シー]	her [ハー]	her [ハー]	hers [ハーズ]
それ	it [イット]	its [イッツ]	it [イット]	―

● 複数（2人以上・2つ以上）のとき

	～は	～の	～を	～のもの
わたしたち	we [ウィー]	our [アウア]	us [アス]	ours [アウアズ]
あなたたち	you [ユー]	your [ユア]	you [ユー]	yours [ユアズ]
彼ら / 彼女たち / それら	they [ゼイ]	their [ゼア]	them [ゼム]	theirs [ゼアズ]

● 参考

	～は	～の	～を	～のもの
ボブ	Bob [ボブ]	Bob's [ボブズ]	Bob [ボブ]	Bob's [ボブズ]

付録 4 **複数形の作り方**

1 単数形のあとに s をつける

a dog → dogs
[ア　ドーグ　　　ドーグズ]

a book → books
[ア　ブック　　　ブックス]

a plane → planes
[ア　プレイン　　　プレインズ]

a boat → boats
[ア　ボウト　　　ボウツ]

2 単数形のあとに es をつける

＊語尾が ch, sh, s, x でおわる名詞のとき

a bench → benches
[ア　ベンチ　　　ベンチズ]

a dish → dishes
[ア ディッシュ　　ディッシズ]

a bus → buses
[ア　バス　　　バスィズ]

a box → boxes
[ア ボックス　　ボックスィズ]

3 単数形の最後の y を i にかえて es をつける

＊語尾が〈子音をあらわす文字＋y〉でおわる名詞

a baby → babies
[ア　ベイビィ　　　ベイビィズ]

a city → cities
[ア スィティ　　スィティズ]

4 不規則なもの

a man → men
[ア　マン　　　メン]

a foot → feet
[ア　フット　　　フィート]

a tooth → teeth
[ア　トゥース　　　ティース]

a mouse → mice
[ア　マウス　　　マイス]

a child → children
[ア　チャイルド　　　チルドゥレン]

a sheep → sheep
[ア　シープ　　　シープ]

付録5　品詞と変化形（参考）

● この辞典では、単語の意味だけでなく、品詞や変化形もしらべることができます。おもな品詞と変化形には、次のようなものがあります。

品詞			
	名詞	名	ものや人をあらわすことばです。文の主語になったり、動詞の目的語になったりします。
	代名詞	代	名詞の代わりをすることばです。変化をすることもあります。（→P296）
	動詞	動	動作や状態をあらわすことばで、ふつう主語のあとにきます。しばしば変化します。
	形容詞	形	性質や状態をあらわすことばです。名詞を修飾したり、am, are, is などのあとにきます。
	副詞	副	様子をあらわすことばで、おもに動詞を修飾します。
	前置詞	前	名詞の前に置いて、さまざまな意味をあらわします。
	接続詞	接	語句と語句をつないだり、文と文をつないだりすることばです。

変化形			
	複数形	複数	名詞の変化形。ものや人が2つ以上・2人以上のときの形です。
	三人称単数現在形	三単	動詞の変化形。主語が三人称（自分・相手以外の人やもの）単数（1人・1つ）で、現在のことをあらわす文でつかいます。
	過去形	過去	動詞の変化形です。過去のことをあらわす文でつかいます。
	現在分詞	現分	動詞の変化形。~ing の形をしています。進行形の文（〜しているところです）などでつかいます。
	比較級	比較	形容詞・副詞の変化形です。「もっと〜」「より〜」という意味をあらわします。
	最上級	最上	形容詞・副詞の変化形です。「いちばん〜」「最も〜」という意味をあらわします。

はじめての英和じてん [改訂版]

Kumon's FIRST
ENGLISH-JAPANESE DICTIONARY

2002年 6月 6日 初 版第 1刷発行
2011年 3月 3日 改訂版第 1刷発行
2025年 1月 7日 改訂版第14刷発行

- ●監　　修　　公文教育研究会 教務指導本部 英語教材部 英語チーム
- ●編　　集　　くもん出版編集部
- ●イラスト　　株式会社図羅
- ●デザイン　　佐々木一博・上山隼平
- ●協　　力　　Rumiko Varnes

- ●発 行 人　　泉田義則
- ●発 行 所　　株式会社くもん出版
　　　　　　　〒141-8488
　　　　　　　東京都品川区東五反田2-10-2 東五反田スクエア11F
　　　　　　　電話　代表 03(6836)0301
　　　　　　　　　　営業 03(6836)0305
　　　　　　　　　　編集 03(6836)0317
　　　　　　　ホームページ　https://www.kumonshuppan.com/

- ●印 刷 所　　共同印刷株式会社

落丁・乱丁はおとりかえいたします。本書を無断で複写・複製・転載・翻訳することは、法律で認められた場合を除き禁じられています。購入者以外の第三者による本書のいかなる電子複製も一切認められていませんのでご注意ください。　　　　　　　　　　CD61031

Printed in Japan
©2011 KUMON PUBLISHING Co.,Ltd.
ISBN978-4-7743-1922-3

Good morning.

おはよう

Good afternoon.

こんにちは

Good evening.

こんばんは

Good night.

おやすみ

いろいろなあいさつ

おうちや学校(がっこう)で、つかってみましょう。